하용조 강해서 전집 13

요한복음 1

예수님은 생명입니다

(1-4장)

하용조 강해서 전집 13

요한복음 1
예수님은 생명입니다(1-4장)

지은이 | 하용조
초판 발행 | 2005. 3. 30
개정 1판 발행 | 2010. 3. 5
개정 2판 발행 | 2021. 7. 21
등록번호 | 제1988-000080호
등록된 곳 | 서울특별시 용산구 서빙고로 65길 38
발행처 | 사단법인 두란노서원
영업부 | 2078-3352   FAX | 080-749-3705
출판부 | 2078-3331

책값은 뒤표지에 있습니다.
ISBN 978-89-531-3490-4 04230

독자의 의견을 기다립니다.
tpress@duranno.com   www.duranno.com
*본문에 사용된 성경은 우리말성경임을 밝힙니다.

두란노서원은 바울 사도가 3차 전도여행 때 에베소에서 성령 받은 제자들을 따로 세워 하나님의 말씀으로 양육하던 장소입니다. 사도행전 19장 8-20절의 정신에 따라 첫째 목회자를 돕는 사역과 평신도를 훈련시키는 사역, 둘째 세계선교(TIM)와 문서선교(단행본·잡지) 사역, 셋째 예수문화 및 경배와 찬양 사역, 그리고 가정·상담 사역 등을 감당하고 있습니다. 1980년 12월 22일에 창립된 두란노서원은 주님 오실 때까지 이 사역들을 계속할 것입니다.

하용조 강해서 전집 13

요한복음 1
예수님은 생명입니다
(1-4장)

두란노

세상에서 가장 행복한 여행, 지금 시작합니다

요한복음은 한 영혼이 예수님을 영접했거나 영접하는 과정에서 가장 먼저 읽어야 할 사랑과 생명의 복음서입니다. 영혼을 움직이시는 예수님의 사랑이 가장 잘 드러나 있고, 그만큼 복음에 관해 선명하게 들려주는 책이기 때문입니다. 또한 예수 그리스도에 관해 던지게 되는 많은 질문에 정직하면서도 솔직하게 대답해 주는 책이기도 합니다. 요한복음을 잘 읽으면, 예수님을 더욱 잘 이해할 수 있습니다.

그래서 예수님을 처음 만나는 분이나 평신도가 요한복음을 더욱 쉽게 잘 이해하도록 돕고 싶습니다. 그뿐 아니라 요한복음에 나타난 하나님의 사랑과 은혜를, 그를 통해 나와 수많은 사람이 경험했던 복음의 능력을 전하고 싶습니다. 예수님께 가장 사랑받았던 제자 요한이 주님과 함께하면서 보고 들었던 모든 것을 지금부터 나와 함께 찾아 나서지 않겠습니까?

예수님이 거니셨던 길을 함께 걸으며 수많은 영혼을 만날 것입니다. 그리고 거리에서, 회당에서, 물가에서, 산등성이에서 예수님을 좇던 무리와 예수님을 배척하던 무리 사이에서 예수님을 만날 것입니다. 약한 자의 이웃이요 가난한 자의 친구요 상한 마음의 치료자이신 예수님의 음성이 들릴 것입니다.

그러는 가운데 우리 아픔과 가난함과 상처도 치유되는 기적을 경험하게 될 것입니다. 우리가 자주 부르는 찬송가 가사처럼 바다를 먹물 삼고 하늘을 두루마리 삼아 써도 모자랄 하나님의 사랑과 은혜를 깨닫게 될 것입니다. 아, 이 얼마나 행복한 여행인지요!

지금, 죽음으로 영원한 생명을 얻으신 예수님이 우리에게 생명을 주기 위해 고통의 언덕을 오르셨던 그 발로 다가와 못 박히셨던 그 피 묻은 손을 내미십니다. 이제 우리가 그 손을 잡아 드릴 차례입니다.

영원한 생명을 찾아서 예수님과 함께 세상에서 가장 행복한 여행을 시작하지 않겠습니까?

차례

1부

아무도 예상치 못한 만남

요한복음 1:1-51

예수님은 수없이 많은 실수를 저지르는 우리를 믿어 주십니다.
부족하고 연약해 실수가 많은 존재이지만,
장차 새사람으로 변화될 것을 아시기 때문입니다.
이것이 예수님이 우리를 불러 제자로 선택하시는 이유입니다.

1

나를 찾아오신
당신은 누구십니까?

요한복음 1:1

누가 인류의 구원자인가

인류 역사에서 가장 위대한 질문이 있다면, 그것은 바로 "예수님은 누구신가?"일 것입니다. 예수님을 믿든 안 믿든 모든 사람에게 주어지는 가장 크고 무거운 질문입니다. 이에 대해 정직하고 솔직하게 대답해 주는 책이 바로 요한복음입니다.

"예수님은 누구신가?"

만약 예수님이 인간에 불과하다면, 석가모니나 소크라테스나 공자와 마찬가지로 한 시대를 살았던 인물에 지나지 않을 것입니다. 하지만 성경 말씀처럼 예수님이 하나님의 아들이라면, 이 질문은 훨씬 심각해집니다. 우리는 사람이 변화되는 것쯤은 이해할 수 있습니다. 그런데 하나님이 인간이 되시고, 인간인데 하나님의 아들이시라는 것은 좀처럼 이해하기가 어렵기 때문입니다.

예수님을 믿는 집안에서 태어나서 어렸을 때부터 예배, 기도, 교회 행사 등 기독교 문화에 아주 익숙하다고 해도 예수님에 관해 잘 안다고 할 수 없습니다. 정말로 물어야 할 질문은 '과연 하나님을 만난 적이 있는가?'입니다. 성경은 "그러나 이것들이 기록된 목적은 여러분들로 하여금 예수가 그리스도이시며 하나님의 아들이심을 믿게 하고 또 믿어서 예수의 이름으로 생명을 얻도록 하기 위함"(요 20:31)이라고 단도직입적으로 말합니다.

요한복음은 두 가지 목적으로 기록되었습니다. 하나는 하나님의 아들이신 예수 그리스도께서 세상에 오신 사실을 사람들로 하여금 믿게 하려는 것입니다. 동서고금, 남녀노소를 막론하고 수많은 사람이 예수님을 위인이나 성자나 휴머니스트로 규정하고자 했습니다.

그러나 성경은 전혀 다른 방식으로 접근합니다. 성경은 예수 그리스도를 오로지 하나님의 아들로만 보고 있습니다. 예수 그리스도께서 하나님의 아들이라면 인류의 구원자이심이 분명합니다. 하지만 하나님의 아들이 아닌 보통 사람에 불과하다면, 그 삶이 아무리 거룩하고 훌륭하다고 해도 인류의 구원자가 될 수는 없습니다.

또 한 가지 목적은 사람들에게 하나님의 사랑을 증거하려는 것입니다. 요한복음에는 예수님을 믿지 않는 사람들도 잘 아는 말씀이 있습니다.

하나님께서 세상을 이처럼 사랑하셔서 외아들을 주셨으니 이는 그를 믿는 사람마다 멸망하지 않고 영생을 얻게 하려는 것이다 (요 3:16).

이 말씀은 성경의 기록 목적이자 요한복음의 기록 목적입니다. 하나님이 세상을 너무나 사랑하신 나머지 독생자 예수 그리스도를 보내셨으니, 누구든지 예수 그리스도를 구세주로 믿기만 하면 하나님의 자녀가 되고, 영원한 생명을 얻게 된다는 말씀입니다.

다음 말씀은 더 놀라운 이야기를 들려줍니다.

> 태초에 말씀이 계셨습니다. 그 말씀은 하나님과 함께 계셨고 그 말씀은 하나님이셨습니다. 그분은 태초에 하나님과 함께 계셨습니다. 모든 것이 그분을 통해 지음받았으며 그분 없이 된 것은 아무것도 없었습니다. 그분 안에는 생명이 있었습니다. 그 생명은 사람들의 빛이었습니다. 그 빛이 어둠 속에서 비추고 있지만 어둠은 그 빛을 깨닫지 못했습니다(요 1:1-5).

이 짧은 말씀에 엄청난 뜻이 담겨 있습니다. 사도 요한은 예수님을 세 가지로 정의합니다. 첫째, 예수님은 말씀이시요 둘째, 예수님은 생명이시며 셋째, 예수님은 빛이시라는 것입니다.

이번 장에서는 말씀이신 예수님에 관해 살펴보려고 합니다. 나는 인류의 구원자이신 예수님에 관해 수없이 말해 왔고, 예수님이 하나님의 아들이신지 아닌지에 관해서도 분명하게 증거해 왔습니다.

인류의 구원자라면 두 가지 절대 조건이 충족되어야 합니다. 가장 중요한 조건은 인간 이상의 존재여야 한다는 것입니다. 물에 빠진 사람이 물에 빠진 다른 사람을 구할 수 없듯이 죄인은 죄에 빠진 사람을 구원할 수 없습니다. 인간은 모두 죄인이므로 인간은 인간을 구원할 수 없습니다. 따라서 구원자의 최우선 조건은 죄가 없는 존재여야 한다는 것입니다. 초월적인 존재만이 인간을 구원할 수 있습니다. 무한한 존재라야 유한한 존재를 구원할 수 있는 법입니다.

그러나 그다음 조건은 인간이어야 한다는 것입니다. 만약 신이 인간을 일방적으로 구원한다면, 그것은 타의에 의한 강압적인 구원일 것입니다. 다시 말해, 인간이 신에 의해 억지로 구원당하는 모순이 생깁니다.

그러므로 인류의 구원자는 죄에 빠진 인간을 구원할 수 있는 초월적인 존재이자 인류를 대신해 죗값을 치르고 구원으로 나아갈 길을 여는 인간이어야 합니다. 즉 하나님이면서 동시에 인간이어야 한다는 것입니다. 세상에 그런 존재는 오직 예수 그리스도 한 분뿐이십니다.

인간은 하나님을 막연히 신비롭고 초월적인 존재로 생각합니다. 하나님에 관해 아는 것 같지만, 실은 제대로 알지 못한 채 살아갑니다. 마음속으로 하나님을 믿으면서도 하나님의 실체에 관해서는 확실하게 말하지 못합니다. 어떤 사람은 하나님을 눈으로 보고, 그 음성을 들으면 믿겠다고 말합니다. 그러나 사람은 자기를 낳고 길러 준 육신의 아버지와 어머니가 있음을 알듯이 하나님 아버지의 존재를 영적으로 확실히 인식할 수 있습니다. 하나님은 인간이 생각하듯이 막연한 존재나 관념의 대상이 아니십니다.

성경은 인류의 구원자가 말씀으로 존재하셨다고 기록하고 있습니다. 태초에 말씀이 하나님과 함께 계셨는데, 그 말씀이 곧 하나님이셨다고 선언합니다. 요한복음 1장 1절은 하나님의 실체에 대한 선언인 것입니다.

우리에게 믿음이 없는 까닭은 하나님을 피상적인 존재로 인식하기 때문입니다. 뜬구름 잡듯이 하나님을 막연한 존재로만 인식한다면 영원히 그분을 만나지 못하고, 그분의 사랑을 느끼지도 못할 것입니다. 우리에게 사랑하는 대상이 있는 것처럼 하나님에게는 인간이 사랑하시는 대상입니다.

말씀하시는 하나님, 예수 그리스도

우리는 흔히 하나님의 말씀을 사람의 '말'과 구별하여 '말씀'이라고 합니다. 영어에서는 '말'(word)에 정관사 the를 붙이고 대문자로 써서 하나님이 하신 '말씀'(the Word)을 나타냅니다. 사도 요한은 헬라어 '로고스'(Logos)로 하나님을 정의했습니다. 로고스는 언어, 진리, 이성 등의 개념을 포함하며 절대적인 존재를 가리킬 때 사용되던 단어입니다.

시간과 공간의 개념이 확립되기 전, 영원 속의 태초에 존재하신 말씀이 곧 하나님입니다. 말씀을 붙잡으면 하나님의 실체를 경험할 수 있습니다. 우리가 드리는 기도는 독백이나 염불이 아니라 하나님이라는 실체와 나누는 대화입니다. 하나님은 우리 기도뿐 아니라 신음 소리까지도 들으시는 분입니다. 인간과 만물은 기원(起源)이 있지만, 말씀이신 하나님은 기원이 없으십니다. 만약 신에게 기원이 있다면, 그것은 신이 아닐 것입니다. 하나님은 시작도 없고 끝도 없으신 분입니다.

태초에 계신 말씀이 하나님이고, 그 말씀의 실체가 곧 예수 그리스도이십니다. 예수님은 "누구든지 나를 본 사람은 아버지를 본 것"(요 14:9)이라고 말씀하십니다. 하나님을 본 사람은 아무도 없지만, 누구든지 예수 그리스도를 믿으면 하나님의 실체를 만나게 된다는 뜻입니다.

예수님에 관한 더 정확한 설명을 빌립보서에서 찾아볼 수 있습니다.

> 그분은 본래 하나님의 본체셨으나 하나님과 동등됨을 기득권으로 여기지 않으시고 오히려 자신을 비워 종의 형체를 가져 사람의 모양이 되셨습니다. 그리고 그분은 자신을 낮춰 죽기까지 순종하셨으니, 곧 십자가에 달려 죽으신 것입니다(빌 2:6-8).

예수님은 원래 하나님이셨습니다. 그런 예수님이 인간이 되신 것입니다. 즉 하나님이 하나님됨을 포기하신 것입니다. 사랑은 포기하는 것입니다. 사랑은 주는 것입니다. 하나님의 사랑은 하나님 됨을 기꺼이 포기하고, 인간으로 이 땅에 오시는 것입니다. 하나님은 인간이 되어 가장 낮은 곳으로 임하셨습니다. 그리고 죄인들의 손에 붙잡혀 십자가에 못 박히시고, 처절하게 죽으셨습니다.

여기서 한 가지 사실을 깨닫습니다. 예수 그리스도는 본래 하나님의 본체셨으니 곧 말씀하시는 하나님이시라는 사실입니다. 하나님의 말씀은 진실하고 영원하며 변함이 없습니다. 하나님이 "빛이 있으라"(창 1:3) 하시니 빛이 생겼습니다. 말씀에 능력이 있습니다.

말하면 누군가 그 말을 듣습니다. 즉 '말하다'에는 상대가 그 말을 듣고 있다는 의미가 포함되어 있습니다. 하나님은 홀로 계시지 않습니다. 하나님 말씀의 대상은 인간입니다. 하나님은 우리에게 말씀하시고, 우리 기도를 들으시며 우리와 사랑의 교제를 나누십니다. 즉 우리에게 말씀하시는 하나님은 인격체이시라는 뜻입니다.

사람들은 흔히 돌을 깎아 놓고 신이라 부르고, 지푸라기나 찬물 그릇을 앞에 두고 절하곤 합니다. 하나님을 잃어버린 인간이 공허함을 달래느라 하는 일입니다. 사람이 만든 신을 '우상'이라고 합니다. 우상은 한 가지 특징이 있는데, 대화할 수 없다는 것입니다. 사람이 자기 안위와 의탁을 위해 우상을 만들었는데, 정작 우상은 사람에게 아무것도 해 주지 못하니 아이러니합니다.

사랑은 인격입니다. 인격이 깨어지면 사랑도 깨어집니다. 신앙도 인격입니다. 많은 사람이 하나님을 믿고 교회에 다니지만, 그중에는 인격이 부서져 버린 사람도 있습니다. 사랑과 신앙이 부서졌기 때문입니다. 하나님은 말씀하시고 들으심으로써 인간과 의사소통하며 교제를 나누는 인격체이십니다. 그래서 우리가 기도를 통해 하나님과 대화를 나눌 수 있는 것입니다.

말씀하시는 하나님, 예수 그리스도에게서 발견하는 또 한 가지는 생생히 살아 있는 존재가 말씀하신다는 사실입니다. 생명이 있어야 말할 수 있기 때문입니다. 하나님은 살아서 말씀하시는 분입니다. 그러므로 우리는 설교를 들을 때 살아 계신 하나님의 실체를 느낄 수 있고, 예수님의 사랑을 느낄 수 있습니다. 성경은 "하나님의 말씀은 살아 있고 힘이 있으며 양날 선 어떤 칼보다도 더 예리해 혼과 영과 관절과 골수까지 찔러 쪼개기까지 하며 마음의 생각과 의도를 분별해"(히 4:12) 낸다고 말합니다. 하나님은 말씀으로 천지를 창조하셨고, 말씀으로 죽은 자도 살리시는 분입니다. 말씀이 곧 능력입니다.

신앙에는 분명한 대상이 있어야 합니다. 믿음은 이론이 아니라 실체이며 체험이기 때문입니다. 신앙은 깊이 알려고 하면 할수록 괴로울 뿐입니다. 문제는 알긴 알아도 그것에 확신을 갖지 못한다는 데 있습니다. 오히려 순전하게 믿을 때 더 깊은 깨달음을 얻습니다. 분명한 믿음이 있어야 신앙생활을 제대로 할 수 있습니다.

우리 믿음의 대상은 바로 살아 계신 예수 그리스도입니다.

사랑 때문에 길이 되신 예수님

우리는 성경을 통해 하나님이 말씀이시며, 말씀이 곧 예수 그리스도이시고, 하나님의 영이신 성령이 계시다는 사실을 압니다. 즉 하나님은 한 분이면서 동시에 세 분이시고, 세 분이면서 동시에 한 분이시라는 것입니다. 다르게 표현하자면, 삼위일체 하나님이 공동체를 이루고 계시다는 뜻입니다.

기독교는 개인주의를 배격하는 공동체 중심의 종교입니다. 진정한 공동체는 하나님 나라에서 시작되었습니다. 성부, 성자, 성령이 하나님 나라의 공동체를 이루고 계십니다. 삼위일체 공동체에서 가장 중요한 덕목은 바로 연합과 일치입니다. 그러므로 하나님의 자녀는 연합과 일치로 하나님 나라의 공동체를 이 땅에 실현해야 합니다.

요한은 하나님이 그분의 이름을 믿는 사람들에게 하나님의 자녀가 될 권세를 주셨다고 말합니다(요 1:12). 그리고 "그 말씀이 육신이 돼 우리 가운데 계셨기에 우리는 그분의 영광을 보았습니다. 그것은 은혜와 진리가 충만한 아버지의 독생자의 영광이었습니다"(요 1:14)라고 말합니다. 말씀이 육신이 되었다는 것은 하나님이 예수님을 통해 실체를 드러내신다는 증거입니다. 이것이 바로 기독교가 말하는 하나님입니다.

그런데 인간은 시간과 공간에 갇힌 육체를 가진, 죽을 수밖에 없는 유한한 존재입니다. 이것이 인간의 실체입니다. 성경은 "한 번 죽는 것은 사람들에게 정해진 일이며 그 후에는 심판이"(히 9:27) 있다고 기록하고 있습니다. 예수님은 영원하신 존재이지만 유한한 사람이 됨으로써 죽음을 피할 수 없게 되셨습니다. 그러나 온 인류의 죄를 대신 짊어지고 십자가에서 죽으심으로써 하나님께 드리는 화목제물이 되셨습니다.

하나님이 육신을 입고 유한한 존재가 되신 것은 인간을 향한 끝없는 사랑 때문이었습니다. 이처럼 기독교는 사랑을 빼면 아무것도 아닙니다. 그런데 세상 사람들은 우리에게서 사랑을 얼마나 느끼고 있을까요? 유감스럽게도 세상은 그리스도인들을 이기적인 집단으로 생각하는 것 같습니다. 그리스도인이란 하나님을 만나 모든 것을 포기하고, 하나님을 위해 죽음까지도 기꺼이 받아들이는 사람임을 기억해야 합니다. 이것이 바로 하나님을 만난 사람들의 특징이요 기독교의 특징입니다.

2,000년 전 예수 그리스도께서 죽음의 권세를 이기고 부활하시어 지금 우리와 함께 계십니다. 우리가 마음 문을 열면 살아 계신 하나님이 우리 안에 들어와 우리와 교제를 나누십니다. 하나님은 우리 삶에 들어오기를 원하십니다. 하나님의 손길을 받아들일 때 우리 삶이 크게 달라질 것입니다.

인생의 갈증을 느끼고, 갈등과 위기에 부딪혔습니까? 하나님의 말씀을 거부하지 말고 받아들이십시오. 그러면 하나님이 만져 주시는 손길을 알게 될 것이며 그분의 호흡을 느끼게 될 것입니다. 사람은 하나님이 주신 말씀과 말씀이신 예수님 안에서 영으로 하나님을 만납니다.

예수 그리스도께서 말씀하시는 하나님이요 하나님의 실체이시라는 사실이 낯설어도 괜찮습니다. 예수님은 "수고하고 무거운 짐을 진 모든 사람은 다 내게로 오라. 내가 너희를 쉬게 할 것이다"(마 11:28)라고 말씀하십니다. 또한 "너희는 마음에 근심하지 말라. 하나님을 믿고 또 나를 믿으라"(요 14:1)라고도 말씀하십니다.

예수님은 "길이요, 진리요, 생명"(요 14:6)이시니 예수님을 통하지 않고서는 하나님께로 갈 사람이 없습니다.

2

나에게 주신
이것이 무엇입니까?

요한복음 1:2-4

아름다운 인간이라도 주지 못하는 것이 있다

나는 이북의 기독교 가정에서 태어나서 부모님을 따라 남쪽으로 피난 왔습니다. 난리 중에도 우리 가정을 지탱해 준 것은 돈이나 명예나 권력이 아닌 성경책이었습니다. 부모님은 이북에서부터 예수님을 믿는 믿음 하나로 살아오셨습니다. 피난살이를 하는 동안에도 온 가족이 예수님 모시는 것을 낙으로 삼으며 지냈습니다. 어릴 때부터 찬송가 소리, 기도 소리를 들으며 자랐고, 하루에 두 번씩 아침저녁으로 가정예배를 드렸습니다. 아버지는 목회자도 아닌데 하루도 거르지 않고 새벽 기도를 하러 다니셨습니다. 지금 생각해 보면, 은총과 축복이 가득한 시절이었습니다.

그런데 이성(理性)에 눈뜨는 나이가 되자 질문들이 생겨나기 시작했습니다. '우리 가족이 이토록 열심히 믿고 있는 예수는 진짜일까? 하나님이 있다면 어떤 존재일까?' 집안 분위기상 예수님을 믿기는 믿었지만, 특별한 체험을 해 본 적은 없었습니다. 교회 생활이 재미있었고, 만약 누군가가 예수님의 부활을 부인한다면 맞서 싸울 용기도 있었지만, 내 안에는 예수님에 관한 의구심이 쌓여 갔습니다. 믿음의 가슴앓이가 시작된 것입니다.

당시 나는 세 가지 의문에 사로잡혀 있었습니다.

'예수는 하나님의 아들이신가?'

'예수는 부활하셨는가?'

'예수는 살아 계신가?'

그런데 대학 입시에 재수하게 된 것이 큰 축복이 되었습니다. 재수 생활을 하면서 평소 가졌던 의문들에 대해 깊이 생각해 보게 되었고, 인생의 근본적인 문제를 진지하게 짚어 볼 수 있었습니다.

또한 CCC 수련회에서 예수님을 만나는 축복을 누렸습니다. 마음으로만 영접한 것이 아니라 정말로 살아 계신 예수님을 체험한 것입니다. 살면서 예수님을 두 번 만났는데, 그때가 첫 만남이었습니다.

그때의 감격이 30년이 지난 지금도 어제 일처럼 생생합니다. 어느 날 새벽에 기독교 집안에서 태어나 자랐으면서도 예수님을 만나지 못해 믿음에 회의가 생긴 나에게 주님이 찾아오셨습니다. 흰옷을 입으신 주님이 피 묻은 손을 내밀며 "너를 기다렸다. 내가 네 죄를 위해 죽었다. 2,000년 동안 너를 사랑해 왔노라"고 말씀하셨습니다. 그리고 나를 안아 주셨습니다. 나는 그동안 회개하지 못했던 일들까지 모두 고백하며 주님 안에서 녹았습니다. 온종일 아무것도 먹지 못한 채 눈물만 흘려야 했습니다.

결코 잊을 수 없는 너무나 선명한 사건이었습니다. 그 사건으로 말미암아 예수님을 확실히 믿게 되었고, 그 후로 단 한 순간도 예수님을 잃어 본 적이 없습니다. 예나 지금이나 그때의 감동은 여전

합니다.

　예수님과의 두 번째 만남은 대학교 3학년 때 이루어졌습니다. 전도에 미쳐서 밤낮으로 전력투구하던 때였습니다. 서울 정릉에서 살았는데, 밤늦게까지 전도하고 나서 집으로 돌아가는 만원 버스에서도 옆자리에 앉은 사람들에게 '사영리'에 관해 들어 본 적이 있느냐며 묻곤 했습니다. 그때를 돌아보면 예수님을 전하느라 주위 사람들을 못살게 굴었던 기억밖에 없습니다.

　그런데 어느 날 폐결핵에 걸린 사실을 알게 되었습니다. 한 학기를 휴학하고 요양 생활에 들어갔습니다. 그때 성경을 아주 많이 읽었습니다. 밑줄을 그어 가며 밤새워 읽곤 했습니다. 하나님 말씀이 폭포수처럼 내 안에 쏟아져 들어왔습니다. 읽을수록 눈이 밝아지고, 귀가 열리면서 하나님 말씀이 가슴에 그대로 들어와 박히곤 했습니다. 한 구절, 한 구절이 영혼의 빛처럼 반짝였습니다.

　누구에게나 살면서 성경을 집중적으로 읽을 기회가 인생에 한 번쯤은 주어지기 마련입니다. 그때는 온 정성을 쏟아 성경 말씀을 충분히 읽어야 합니다.

　어느 날 새벽 1시쯤, 성경을 읽고 나서 눈물을 흘리며 기도하다가 아주 또렷한 환상을 경험했습니다. 밖에 비가 내리고 있었습니다. 문 두드리는 소리가 나서 나가 보니 초라한 행색의 남자가 보따리를 든 채로 비를 흠뻑 맞고 서 있었습니다. 안으로 들어오게 해서 자리에 앉히고 보니 바로 예수님이셨습니다. 그러자 갑자기 주변이 푸른 초장으로 바뀌었고, 어느새 나는 주인 되시는 예수님 앞에 선 거지가 되었습니다. 예수님이 드신 보따리 안에는 "내가 너를 사랑한다"고 쓰인 편지가 들어 있었습니다. 눈물이 하염없이 흘렀습니다. 한참 동안 울었는데, 예수님이 "네가 나를 위해 종이 되지 않겠느냐?"라고 물으셨습니다.

그다음 날, 시골에서 어머니가 올라오셨는데 나를 보자마자 대뜸 "목사가 되지 않겠니?" 하고 물으시는 것이었습니다. 이것이 내가 목회를 하게 된 계기입니다.

하지만 폐결핵 완치 판정을 받고 입대하면서 그때 일을 까맣게 잊고 지냈습니다. 그러다가 군대에서 폐결핵이 재발하여 군 요양소로 후송되었다가 최종 완치 판정을 받고 의병 전역했습니다. 그제야 예수님과의 만남이 다시 생각났는데, 구원의 확신을 갖게 된 첫 번째 만남과 헌신할 것을 서원하게 된 두 번째 만남이 내 영혼 깊숙이 새겨졌습니다.

일상에서도 예수님을 만날 수 있습니다. 말씀을 읽으면, 날마다 우리에게 은혜를 베풀어 주시는 주님을 만날 수 있습니다. 특히, 나는 설교하는 사람이므로 설교할 때마다 예수님을 만납니다. 주님이 나와 함께 움직이시고, 영혼을 변화시키고, 구원하시는 역사를 보면서 얼마나 놀라는지 모릅니다.

교회에 오는 수많은 사람이 목사를 만나기 위해 오는 것은 아니라고 생각합니다. 나는 내가 얼마나 엉터리 목사인지를 잘 알고 있습니다. 주님이 그들을 만나 주시고, 위로하시며 인생의 의미를 깨닫게 하시고, 삶의 방향을 조정해 주십니다.

근래 깨달은 사실이 하나 있습니다. 부모는 아픈 자녀 가까이에 있게 된다는 것입니다. 건강한 자녀는 떨어져 있어도 안심이지만, 자녀가 병들면 가까이서 보살필 수밖에 없습니다. 그와 마찬가지로, 주님도 우리가 고난과 위기에 처했을 때 더욱 가까이 다가오십니다.

그래서 나는 그리스도인이 어떤 계기로 예수님을 만나게 되면, 자기가 만난 것이 아니라 주님이 만나 주신 것이라고 말하길 좋아합니다. 우리가 하나님을 찾은 것이 아니라 하나님이 우리를 찾아 주셨고, 우리가 하나님을 사랑한 것이 아니라 하나님이 먼저 우리를 사랑해 주셨기 때문입니다.

예수님을 만나기 전에는 러시아 작가 톨스토이(Leo Tolstoy)의 방식대로 예수님을 믿었습니다. 톨스토이의 성경이 따로 있었는데, 그는 예수님을 윤리적이고 도덕적이며 심미적인 인간으로 바라봤습니다. 또 조제프 르낭(Joseph Ernest Renan)은 예수님을 얼마나 아름다운 인간으로 그렸는지 모릅니다. 그러나 그들은 하나님의 독생자이신 예수님을 알지 못했습니다.

친히 찾아오셔서 피 묻은 손으로 나를 만져 주신 예수님, 쓰레기같이 더러운 나를 안아 주신 예수님은 아름다운 인간이 아닌 하나님의 아들이셨습니다. 인간 예수가 우리에게 감동은 주어도 구원을 주지는 못합니다. 하나님의 아들이신 예수님은 사람들에게 버림받아 볼

품없게 되셨지만, 진정으로 우리를 구원해 주시는 주님입니다.

보이지 않는 하나님을 보여 주시다

사복음서 가운데 마태복음, 마가복음, 누가복음은 예수님의 탄생으로 시작합니다. 즉 인간 예수에서부터 시작합니다. 그런데 요한복음은 태초에 말씀이 하나님과 함께 계셨고, 그 말씀이 곧 하나님이시라는 것에서 시작합니다. 요셉과 마리아를 통한 육신의 혈통에서부터 시작하지 않고, 태초에 계셨던 말씀, 즉 예수님의 본질에서부터 시작한 것입니다. 인간의 몸을 입고 오셨지만, 본래 하나님이신 예수님을 선포한 것입니다.

구원은 인간 예수냐 하나님의 아들 예수냐의 싸움입니다. 세상 사람들은 "인간 예수는 이해할 수 있지만, 그 이상은 모르겠다. 인간적으로 생각하면 부활이든 영혼이든 승천도 이해할 수 없다. 그 것은 내세에 가 봐야 알 것이고, 천국에 가 본 사람이 없는데 어떻게 천국을 알 수 있겠는가?" 하고 의문을 던집니다. 구원 문제는 인간의 말이나 논리로 따질 것이 아니라 하나님께 맡겨야 한다는 주장도 있는데, 이는 자유주의 사상에 근거한 말입니다.

그러나 성경은 예수님의 본질은 인간이 아닌 하나님이라고 말합니다. 구원은 하나님이 해 주시는 것이지 인간이 인간을 구원하지는 못합니다. 역사상 가장 뛰어난 인물이라도 인간을 구원할 수는 없습니다. 이런 의미에서 기독교는 종교가 될 수 없습니다.

예수님은 우리를 구원하기 위해 오신 하나님입니다. 예수님이 동정녀 마리아에게서 태어나셨다는 사실이 중요합니다. 남자의 씨로 잉태되지 않으시고, 성령으로 말미암아 마리아의 몸을 빌려 탄생하신 것을 의미하기 때문입니다. 세상에는 예수님이 사생아라고 힐난하는 몹쓸 사람들이 있습니다. 그러나 예수님이 동정녀 마리아한테서 탄생하셔야 인류를 구원하실 수 있다는 사실을 깨닫지 못해서 하는 망발에 불과합니다. 성령으로 여자에게 잉태되어 태어나셔야 신성과 인성을 죄 없이 모두 갖게 되고, 그래야만 죄에 빠진 인간을 구원하실 수 있습니다.

일반적으로 '하나님' 하면 상상조차 할 수 없는 존재로 여깁니다. 하나님의 머리카락이 흰지 검은지, 수염은 있으신지 그 모습을 가늠할 수 없고, 높은 하늘에 계시니 우리 같은 죄인에게는 다가오실 수 없다고 생각합니다. 질적으로 다른 존재이기에 인간은 하나님께 감히 접근조차 할 수 없다고 판단합니다.

그런데 성경이 예수 그리스도를 통해 하나님의 모습을 보여 줍니다. 예수님은 우리가 만질 수 있고, 그 품에 안길 수 있는 하나님의 실체이십니다. 우리는 예수님을 통해 하나님의 모습을 선명하게 그려 볼 수 있습니다.

요한복음을 읽다 보면 예수님에 관한 설명에 감탄하곤 합니다. 예수님을 '말씀'으로 묘사한 것은 아주 적절합니다. 태초에 말씀이 계셨고, 그 말씀이 하나님과 함께 계셨으며 그 말씀이 곧 하나님이셨다는 말씀이 감각적으로 잘 이해되기 때문입니다. 또한 "아버지께서 내 안에 계시고 내가 아버지 안에 있는 것같이"(요 17:21)라는 말씀도 관념적이거나 이론적이지 않고, '밥을 먹으면 배가 부르다'와 같이 자연스럽게 이해되는 탁월한 표현입니다. 요한의 말대로 예수님은 영원 전부터 말씀으로 계셨던 하나님입니다.

우리가 하나님을 만날 수 있는 길은 예수님을 만나는 것밖에는 없습니다. 말씀으로 계셨던 하나님이 인간의 몸을 입고 이 땅에 오셔서 실제로 33년간 사셨고, 십자가에서 죽으시고 부활하셔서 승천하셨습니다. 그분이 바로 예수 그리스도이십니다. 하나님을 만나기 위해 시내산에 오를 필요가 없고, 예수님을 만나기 위해 폐결핵에 걸릴 필요도 없습니다. 능력의 말씀 안에서 만나면 됩니다. 하나님은 불안과 두려움으로 잠 못 이루던 나에게 말씀으로 단잠을 주셨고, 우울증에서 건져 주셨으며 복음을 전파할 담대함을 선물로 주셨습니다.

하나님 말씀의 실체가 예수님이고, 예수님은 지금 우리 안에 살아 계십니다. 우리가 하나님을 가깝게 느낄 수 있는 것은 그분이 우리 안에 계시기 때문입니다. 나는 영원히 변치 않는 하나님 말씀을 사랑합니다. 우리 믿음은 허구가 아니라 매일 주님과 함께하는 실제입니다.

예수님의 실체에 관해 요한은 이렇게 설명합니다.

그분은 태초에 하나님과 함께 계셨습니다. 모든 것이 그분을 통해 지음 받았으며 그분 없이 된 것은 아무것도 없었습니다(요 1:2-3).

한마디로 예수님은 인간 이상의 존재이시라는 것입니다. '인간 예수, 역사적인 예수'에게는 구원이 없습니다. 인간 예수는 아무리 훌륭해도 같은 인간을 구원할 수 없습니다. 인간을 구원하기 위해서는 인간 이상의 존재라야 합니다.

태초에 예수님이 하나님과 함께 천지를 창조하셨습니다. 천지 만물이 예수님을 통해 지음 받았으며, 예수님 없이 된 것은 하나도 없었습니다. 다시 말해, 천지를 창조하신 예수님이 인간도 창조하셨다는 것입니다.

골로새서에서 창조주 예수님에 관한 정확한 묘사를 찾아볼 수 있습니다.

하나님의 아들은 보이지 않는 하나님의 형상이요 모든 피조물보다 먼저 나신 분이십니다. 이는 하늘과 땅에 있는 모든 것들, 곧 보이는 것들과 보이지 않는 것들, 보좌들과 주권들과 권력들과 권세들이 하나님의 아들 안에서 창조됐기 때문입니다. 만물이 아들로 인해 창조됐고 아들을 위해 창조됐습니다. 하나님의 아들은 만물보다 먼저 계시고 만물은 그분 안에 함께 서 있습니다(골 1:15-17).

물건을 만든 사람이 그 물건을 가장 잘 알듯이 사람을 창조하신 예수님이 사람을 가장 잘 아십니다. 예수님은 사람이 얼마나 교활하고 변덕스러운 거짓말쟁이인지를 알면서도 끝까지 사랑하셨고, 지금도 사랑하고 계십니다.

죽어도 살겠고, 영원히 죽지 않을 것이다

창조의 역사는 생명으로 완성됩니다. 생명이 창조 사역의 핵심입니다. 요한은 예수님 안에 생명이 있었다고 말합니다.

> 그분 안에는 생명이 있었습니다. 그 생명은 사람들의 빛이었습니다
> (요 1:4).

예수님이 자기 안에 있는 생명으로 천지 만물을 창조하셨다는 뜻입니다. 예수 그리스도는 하나님의 생명으로 충만하신 분입니다.

죽음은 생명의 반대 개념입니다. 원래 사람은 하나님의 생명으로 창조되었지만, 하나님께 죄를 범함으로써 참생명에서 끊기고, 생물학적 생명만 남게 되었습니다. 죽음의 그림자가 죄지은 인간을 덮었습니다. 인생이란 태어난 순간부터 죽음을 향해 달려가는 여정이라고 말할 수 있게 되었습니다. 질병, 갈등, 고독 등이 죽음을 재촉합니다.

인간이 죽음을 두려워하는 이유는 죽음 이후를 보장받지 못했기 때문입니다. 그러나 죽음 이후를 대비한 사람은 두렵지 않습니다. 성경은 죽음이란 영원을 여는 문에 불과하다고 말합니다. 예수님 안에 있는 생명이 바로 하나님의 참생명과의 연결 고리입니다. 즉 예수님을 믿음으로써 하나님의 생명에 접붙여집니다. 그래서 예수님이 "나는 길이요, 진리요, 생명이니 나를 통하지 않고서는 아버지께로 올 사람이 없다"(요 14:6)고 말씀하신 것입니다.

생명이 곧 능력입니다. 이미 죽은 것에도 생명이 들어가면 다시 살아납니다. 그래서 예수 그리스도를 만나면 죽은 사람이 살아나고, 병든 사람이 회복되고, 귀신들이 떠나갑니다. 예수 그리스도의 이름을 부르는 자는 누구든지 그 생명을 얻을 수 있습니다. 예수님 안에 생명이 있기 때문입니다.

성경은 예수님을 "영접한 사람들, 곧 그분의 이름을 믿는 사람들에게는 하나님의 자녀가 될 권세를"(요 1:12) 주셨다고 말합니다. 또한 하나님의 아들을 믿는 사람이 갖는 증거는 "하나님께서 우리에게 영원한 생명을 주셨다는 것과 이 생명이 하나님의 아들 안에 있다는 것"이며 "아들을 모신 사람은 생명이 있고 하나님의 아들을 모시지 않는 사람은 생명이" 없다고 분명하게 말합니다(요일 5:11-12).

예수님은 "도둑은 훔치고 죽이고 멸망시키려고 온다. 그러나 내가 온 것은 양들이 생명을 얻게 하되 더욱 풍성하게 얻게 하려는 것이다"(요 10:10)라고 말씀하십니다. 우리에게 참생명을 주기 위해 오셨다는 뜻입니다. 우리는 죽음을 두려워할 필요가 없습니다. 예수님을 구세주로 믿으면 영원한 생명을 얻기 때문입니다.

오빠 나사로의 죽음을 슬퍼하는 마르다에게 예수님이 물으셨습니다.

> 나는 부활이요, 생명이니 나를 믿는 사람은 죽어도 살겠고 살아서 나를 믿는 사람은 영원히 죽지 않을 것이다. 네가 이것을 믿느냐?(요 11:25-26).

예수님의 생명이 있는 사람은 부활하여 영원한 생명을 얻을 것이라는 말씀입니다. 이 기쁜 소식을 세상에 전해야 합니다.

예수님을 믿는다는 것은 새 생명을 잉태함을 의미합니다. 임산부의 배가 불러오는 것을 어찌할 수 없듯이 예수님이 주신 새 생명을 잉태한 사람은 변화될 수밖에 없습니다. 생명의 특징은 지속적으로 성장하며, 열매를 맺는다는 것입니다. 예수님을 믿는다고 해서 당장 모든 것이 달라지지는 않아도, 믿는 즉시 변화가 시작됩니다. 예수님의 생명이 들어오면, 하나님과 교회와 사람들이 좋아집니다. 나날이 언행이 달라지고, 삶의 태도가 달라집니다. 삶의 열매를 다른 사람들에게 나눠 줍니다. 이것이 변화이며, 예수님의 생명이 자라고 있다는 증거입니다.

예수님은 승천하시기 전에 제자들에게 "예루살렘을 떠나지 말고 너희가 내게 들은 대로 내 아버지가 약속하신 선물을 기다리라. 요한은 물로 세례를 주었지만 너희는 며칠 안에 성령으로 세례를 받을 것이다"(행 1:4-5)라고 말씀하셨습니다. 예수님의 생명을 얻은 자에게는 성령의 인(印) 치심이 중요하기 때문입니다.

성경은 우리에게 '성령을 받아라, 성령을 무시하지 마라, 성령으로 충만하라, 성령을 기다리라'라고 여러 번 말합니다. 사실 사람이 예수님을 믿는 것 자체가 성령의 역사입니다. 세상 사람들은 2,000여 년 전 유대에서 죽은 한 청년의 이름을 믿으면 천국에 간다는 사실을 어떻게 이해할 수 있느냐고 반문합니다. 상식적으로 이해할 수 없는 이야기입니다. 그러나 우리는 이 진리를 확실히 믿습니다. 예수님의 생명이 우리 안에서 자라나고 있기 때문입니다.

예수님의 생명을 받은 사람은 성령의 임재와 충만을 위해 기도해야 합니다. 이 땅에 사는 동안에 예수님의 생명을 소멸시키지 않고, 끝까지 잘 간직해야 하기 때문입니다. 성령 충만을 유지하는 것은 전적으로 개인의 책임입니다. 인간은 약한 질그릇과도 같은 존재이므로, 매일 성경을 읽으며 기름 붓듯 부어 주시는 성령으로 충만해지기를 간구해야 합니다.

예수님 안에 있는 생명이 사람들에게 빛이 됩니다. 모든 사람이 예수님의 생명에 접붙여져 참생명으로 거듭나기를 기도합니다.

3

내 안이
왜 시끄럽습니까?

요한복음 1:5

어둠의 실체를 모르면 지옥 같은 삶을 산다

성경을 읽으면, 막연히 알던 하나님을 체험적으로 알게 됩니다. 이전에는 착한 사람들은 고난을 겪고 억울함을 당하며 가난하게 사는데, 악인은 눈덩이 불듯 재물이 불어나 자기 배를 채우고, 그 자녀들도 풍족하게 먹이는 것을 보고(시 17편 참조) 하나님은 참 불공평하시다고 생각했던 사람이, 성경을 봐도 십자가나 고난이나 광야가 눈에 들어오지 않고, 웅변보다 위대한 하나님의 침묵이 들리지 않던 사람이 깨달음을 얻습니다.

예수님을 믿고 성령 세례를 받은 사람은 성경에 대해 전혀 다른 시각을 갖게 됩니다. 성경을 읽고 예수님이 왜 십자가에서 죽으셔야만 했는지가 깨달아지면, 죄 사함과 보혈과 거듭남이 이해되고, 거룩이나 정결이나 능력 같은 단어가 눈에 들어옵니다. 그 단계를 넘어서면 성령 체험으로 영적 세계를 접하게 됩니다.

나는 십자가의 보혈을 깨닫고, 성령을 체험하고 나니 귀신이나 마귀가 보이기 시작했습니다. 성령 충만함을 입고 어둠에 갇혀 있는 사람을 위해 기도하자 그 안에서 더러운 귀신들이 소리 지르는 것을 보고 얼마나 놀랐는지 모릅니다. 괴상한 소리를 내며 거품을 물고 쓰러지는 모습을 보고 성경에 기록된 귀신의 실체를 깨달았습니다.

세상이 추악한 죄들로 가득한 것을 보면, 악한 사탄이 존재함이 확실합니다. 사탄의 존재를 부정하거나 무시하다가 호되게 당하고 나서야 후회하는 일은 없어야 할 것입니다. 능력의 말씀을 읽고 사탄의 세력을 꺾으십시오. 말씀을 읽으면, 우리 삶에 상상할 수 없는 큰 변화가 일어납니다.

어둠의 실체는 매우 악랄하고 잔인합니다. 전쟁, 살인, 폭력, 사기, 성폭행 등 안타까운 사건들을 볼 때마다 세상에 퍼진 어둠의 세력을 느낍니다. 역사 자료나 영상물을 보면, 인간이 같은 인간에게 얼마나 잔인할 수 있는지를 알 수 있습니다.

독일의 히틀러는 유태인을 600만 명이나 학살했습니다. 칸트나 쇼펜하우어와 같은 유명한 철학자들을 배출하고, 바흐나 베토벤 같은 훌륭한 음악가들을 낳은 독일 민족이 어쩌다가 그런 만행을 저지르게 되었을까요? 캄보디아에서는 200만 명이 학살당했고, 유고슬라비아 내전에서는 세르비아족이 알바니아족을 말살하려고 하기까지 했습니다.

생태계는 약육강식의 세계이지만 먹이사슬이라는 질서가 있습니다. 그러나 인간 세계는 무질서하고 무자비합니다. 동물은 생존을 위해 사냥하지만, 인간은 아무 이유 없이 살인을 저지르기도 합니다. 인간의 잔혹성은 한낱 관념에 지나지 않을까요? 아니면 우발적으로 일어나는 일들에 불과할까요? 이것도 아니고, 저것도 아님니다. 바로 사탄이 악의 근원입니다. 사탄의 조종으로 잔혹한 일들이 끊이지 않고 일어납니다.

수많은 사람이 죽음의 행진을 하고 있습니다. 각종 질병과 마음의 상처로 신음하는 사람이 많습니다. 그뿐 아니라 어둠의 세력이 곳곳에서 미신, 우상, 점술, 역술 등으로 사람들을 유혹합니다. 사탄의 올무에서 빠져나오지 못하고 저주 아래 살아가는 사람이 많습니다.

로마서 1장에서 그런 삶의 모습을 볼 수 있습니다.

더구나 그들이 하나님을 아는 지식을 하찮게 여기므로 하나님께서는 그들을 타락한 마음대로 내버려 두셔서 합당치 못한 일을 하게 하셨습니다. 그들은 온갖 불의와 악행과 탐욕과 악의로 가득 차 있으며 질투와 살인과 다툼과 사기와 악독으로 가득 차 있습니다. 그들은 수군거리기를 좋아하고 서로 헐뜯고, 하나님을 미워하고, 건방지고, 교만하고, 자랑하기 좋아하고, 악한 일을 궁리해 내고, 부모를 거역하고 어리석고, 신의가 없고, 인정도 없고, 무자비한 자들입니다. 그들은 이와 같은 일을 행하는 자가 죽어 마땅하다는 하나님의 법규를 알면서도 그런 짓을 계속할 뿐만 아니라 그렇게 행하는 자들을 옳다고 합니다(롬 1:28-32).

사탄이라는 실체가 없다면, 일어나지 않을 일들입니다. 어둠의 세력의 정체를 바로 알아야 합니다. 그것들은 육신이 없으므로 눈에 보이지는 않지만 실재하며 사람을 악한 길로 이끌어 지옥 같은 삶을 살도록 영향력을 행사합니다. 많은 사람이 악의 근원인 사탄의 정체를 모른 채 속아 살고 있습니다.

어둠을 몰아내는 유일한 방법

성경은 사탄이 배후에서 어둠의 세력을 이렇게 조종하고 있다고 말합니다.

> 육체의 욕망은 성령을 거스르고 성령의 욕망은 육체를 거스릅니다. 이 둘은 서로 상반되기 때문에 여러분이 원하는 것들을 할 수 없게 합니다. 그러나 만일 여러분이 성령의 인도를 받는다면 여러분은 율법 아래 있지 않습니다. 육체의 일들은 명백합니다. 곧 음행과 더러움과 방종과 우상숭배와 마술과 원수 맺음과 다툼과 시기와 분노와 이기심과 분열과 분파와 질투와 술 취함과 방탕과 또 이와 같은 것들입니다. 내가 전에 경고한 것처럼 지금도 경고합니다. 이런 일을 행하는 사람들은 하나님 나라를 상속받지 못할 것입니다(갈 5:17-21).

악의 세력에는 마귀와 사탄이 있고, 루시퍼의 조종을 받는 악령

인 귀신과 귀신 들린 사람이 있습니다. 그들은 하나님과 교회와 성령의 역사를 아주 싫어하며 교회 안에 들어오면 발작을 일으키기도 합니다. 또한 재물이나 권력이나 종교로 하나님을 대신하기도 합니다. "선을 행하는 것이 곧 신이다"라고 주장하는 휴머니스트들도 경계해야 합니다.

사탄은 인격을 파괴합니다. 특히 가정을 파괴하는 일에 몰두합니다. 전 세계적으로 가정 파괴 현상이 심각합니다. 부부는 남남으로 돌아서고, 아이들은 가출합니다. 어둠의 세력이 하는 일은 분리시키고, 분열하게 하는 것이고 권위주의 타파라는 명목으로 하나님의 권위까지도 거부하게 하는 것입니다. 사탄은 자유라는 이름으로 질서를 파괴하고, 인권이라는 이름으로 윤리를 파괴합니다. 또한 우리 안에서 예수 그리스도를 끊임없이 밀어내며 우리로 하여금 어둠의 종노릇하게 만듭니다.

어둠의 세력은 우리 곁에 엄연히 존재합니다. 우리 가정과 직장에도 있고, 심지어 교회 안에도 있습니다. 어둠의 세력을 방치하면, 그것들이 우리 인생을 파괴해 갈 것입니다.

여기서 구원의 중요성이 대두됩니다. 사람은 의지를 갖고 힘들게 선행하더라도 오래가지 못합니다. 내면에서 피어오르는 악한 생각과 죄의 상념을 막을 길이 없기 때문입니다.

어떻게 해야 어둠이 물러갑니까? 아무리 고함을 지르고, 몸부림을 쳐도 어둠은 물러가지 않습니다. 어둠을 물리치는 방법은 한 가

지밖에 없습니다. 바로 '빛'을 비추는 것입니다. 빛이 비치면 어둠
은 순식간에 흔적도 없이 사라지기 때문입니다.

성경은 예수님 안에 생명이 있고, 그 생명이 사람들의 "빛"(요
1:4)이라고 말합니다. 이는 아주 놀라운 말씀입니다. 예수님의 빛
이 비치는 곳마다 어둠이 물러가고 창조의 역사가 일어납니다. 그
빛은 생명으로 역사하시는 하나님의 능력입니다.

예수님은 "나는 빛으로 이 세상에 왔다. 나를 믿는 사람은 누구
든지 어둠 속에 머무르지 않을 것이다"(요 12:46)라고 말씀하십니
다. 빛과 어둠은 공존할 수 없기 때문입니다. 어둠은 빛을 죽이지
못하지만, 빛은 어둠을 죽일 수 있습니다. 암울했던 인생에 예수님
의 빛이 비치면 질서가 생기고, 희망이 샘솟습니다.

우리는 어둠과 저주와 죽음의 세력에서 벗어나야 합니다. 자신
의 나쁜 생활습관을 잘 알면서도 고치지 못해 어둠에 종노릇하며
사는 사람이 많습니다. 우리는 이렇게 기도해야 합니다.

"하나님, 저는 마귀의 종노릇을 하며 살아왔습니다. 날마다 스
스로 원치 않는 일을 행했습니다. 제 안에 있는 어둠과 저주와 시
기와 질투를 싫어하면서도 버리지 못해, 이제는 껍딱지처럼 들러
붙어 떨어지지 않습니다. 예수님의 빛으로 비추어 주십시오. 제 안
의 어둠을 몰아내 주십시오. 생명의 빛으로 역사해 주십시오. 저는
어둠의 세력과 이별하고 싶습니다. 더는 마귀에 종노릇하지 않도
록 인도해 주십시오. 예수님의 이름으로 기도드립니다."

예수 그리스도께서는 마귀의 머리를 밟고 승리하셨으므로 악의 세력으로부터 우리를 구원하실 수 있습니다. 우리는 십자가에서 승리하신 예수 그리스도를 믿음으로써 하나님 나라를 상속받을 수 있습니다.

전도 집회에서 한 형제의 간증을 듣고 크게 감동한 적이 있습니다. 그는 믿지 않는 사람들을 집회에 초대하고 싶었지만, 여의치 않았습니다. 결국, 한 사람을 전도해 왔는데, 바로 자기 자신이었습니다. 자기 내면을 찬찬히 들여다봤더니 아직 믿음이 부족하고, 하나님께 순종하지 못하는 부분이 있더라는 것입니다. 정작 전도가 필요한 것은 자기 자신이었다는 고백에 감동을 받았습니다. 이처럼 우리도 자기 자신을 돌아봐야 합니다.

자기 안에 있는 어둠의 세력을 강하게 거부하고, 예수님이 빛을 비추시도록 초청하십시오. 예수님께 새 생명을 받아 모든 허물을 씻고, 다시 태어날 수 있도록 간절히 원하십시오. 그리고 더는 아무것도 염려하지 말고 생명의 빛이신 예수님만 바라보십시오. 생명의 빛이 우리 안에서 어둠의 세력을 몰아내고, 새로운 창조의 역사를 이룰 것입니다.

4

광야에서
기다립니다

요한복음 1:6-8

받은 사명을 다해야 행복해진다

요한은 예수님을 태초부터 계셨던 말씀이요 생명이며 사람들의 빛이라고 소개하고 나서는 바로 다음으로 세례자 요한을 소개합니다. 사복음서가 상당 부분을 할애해 세례자 요한을 설명할 만큼 그는 중요한 인물이었습니다.

세례자 요한은 어떤 사람입니까? 사도 요한은 그를 이렇게 소개합니다.

> 하나님께서 보내신 사람이 있었습니다. 그 이름은 요한이었습니다
> (요 1:6).

첫째, 그는 하나님이 특별 임무를 주어 세상에 보내신 사람입니다. 즉 태어날 때부터 하나님의 사람이었다는 뜻입니다. 예수님은 "지금까지 여인에게서 난 사람 중에 세례자 요한보다 더 큰 사람이 일어난 적은 없다"(마 11:11)고 말씀하셨습니다. 그의 능력이 탁월해서 그보다 더 큰 사람이 일어난 적이 없다고 말씀하신 게 아닙니다. 그가 '하나님께서 보내신 사람'이었기 때문입니다. 하나님께 사명을 받은 사람은 지위나 학식이나 재물이나 능력에 상관없

이 위대합니다. 그가 하나님의 일을 하기 때문입니다.

세례자 요한은 참으로 행복한 사람이었습니다. 세상에는 모든 것을 갖고도 방황하는 사람이 많습니다. 높은 지위에 올라서도 쫓기는 것처럼 초조해하는 사람도 있습니다. 세상에서 아무리 큰 부자로 살아도 인생의 의미와 목적이 없다면 불행한 사람입니다. 사람의 행복은 소유의 많고 적음에 있는 것이 아니라 인생의 목적을 분명히 아는 데 있기 때문입니다. 사명을 이루는 삶이 행복한 이유가 여기에 있습니다.

둘째, 그는 하나님의 보내심을 받은 사람입니다. 사실, 그는 당시 예언자로서 많은 사람에게 특별한 관심을 받으며 살았습니다. 그의 외침이 얼마나 강렬했는지 사람들이 그를 그리스도나 엘리야가 아닐까 하고 생각할 정도였습니다. 그러나 그는 자신이 이사야 선지자가 말했던 "광야에서 외치는 사람의 소리"(요 1:23)에 불과하다고 말합니다. 소리는 메시지를 전달하고 곧 사라지는 성질이 있습니다. 이는 세례자 요한의 삶과 일맥상통합니다. 그는 평생 자기 자신을 중요한 존재로 여겨 본 적이 없습니다.

사람들은 대개 자신을 매우 중요한 존재로 여깁니다. 그래서 자기 의견이 받아들여지지 않으면 화를 내며 탁자를 뒤엎어 버리기도 하는데, 세례자 요한은 "나보다 더 능력 있는 분이 내 뒤에 오실 텐데 나는 몸을 굽혀 그분의 신발끈을 풀 자격도 없다"(막 1:7)고 고백합니다.

그렇다면, 하나님이 세례자 요한에게 주신 사명은 무엇이었을까요?

요한은 그 빛에 관해 증거하러 온 증인이었는데 이는 그를 통해 모든 사람이 믿게 하려는 것이었습니다(요 1:7).

그가 받은 사명은 두 가지입니다. 하나는 빛이신 예수님을 증거하는 것이고, 다른 하나는 모든 사람으로 하여금 예수 그리스도를 믿게 하는 것입니다. 즉 그는 예수 그리스도를 증거하는 전도자의 사명을 받았습니다.

우리는 자기 삶의 목적을 언제나 분명하게 말할 수 있어야 합니다. 이 땅에서 어떻게 살다 가고 싶은지 소망이 명확해야 합니다. 전도자의 사명을 받았다면, 주님을 위해 어떤 일이라도 감수하고, 죽음마저 불사하겠다는 결심으로 살아야 합니다. 예수님을 증거하는 일과 상관없는 일은 중요하게 여기지 말아야 합니다. '예수님과 상관없는 일에 인생을 허비하지 않겠다'는 각오가 중요합니다. 그렇게 자기 사명을 완수하는 삶을 사는 사람은 위대합니다.

세례자 요한의 삶이 그랬습니다. 그의 사명은 생명의 빛을 소개하고 증거하는 것이었고, 빛을 방해하는 모든 것을 걷어치우는 것이었습니다. 그는 사람들이 예수님을 잘 볼 수 있도록 온 힘을 다해 높은 산을 낮게 하고 낮은 골짜기를 돋워 평탄한 길을 만들었습니다.

또한 그의 사명은 자기를 통해 모든 사람이 그리스도를 믿게 하는 것이었습니다. 세례자 요한은 광야에서 낙타털로 만든 옷을 입고 메뚜기와 들꿀을 먹으며 바위틈에서 잠잘 만큼 청빈한 삶을 살았고, 불의에 타협하지 않고 바른 소리를 함으로써 헤롯왕에게 목이 잘릴 만큼 올곧게 살았습니다.

세상에 나가서 "예수 그리스도를 믿으라" 하고 외치는 것만이 전도가 아닙니다. 손해를 보더라도 세상 사람들에게 감동을 주는 삶을 산다면, 그것이 곧 예수님을 전도하는 가장 좋은 방법일 것입니다. 예수님을 믿는 사람이 자기주장을 굽히지 않고, 자기 이익만을 챙긴다면 아무도 예수님을 믿지 않을 것입니다. 세례자 요한은 비록 자기 목숨을 잃었지만, 주의 길을 예비하고 예수님을 증거하였으니 참으로 행복한 삶을 산 사람이었습니다.

우리는 예수 그리스도를 증거하기 위해 세상에 왔으니, 우리를 통해 모든 사람이 예수님을 믿게 해야 할 사명이 있습니다. 전도는 의외로 어렵지 않습니다. 남들에게 피해를 주지 않으며 세상 사람과 문제를 일으키지 않고, 친절한 마음으로 봉사하면 됩니다. 사장이 되면, 매일 직원들과 예배를 드리겠다고 말하는 사람이 많습니다. 그러나 직원들을 착취해 개척 교회를 세워 봐야 소용없습니다. 오히려 직원들을 잘 대접하는 것이 곧 예수님을 대접하는 것입니다. 불법적으로 번 돈을 선교 헌금으로 내 봤자 소용없습니다. 하나님이 기뻐하시지 않기 때문입니다. 차라리 옆집 대문 앞을 쓸어 주십시오. 작은 섬김이 마음을 움직입니다.

오직 한 길만 달리면 깊어진다

세례자 요한은 예루살렘의 유대 사람들이 제사장들과 레위 지파 사람들을 보내 "당신은 누구시오?" 하고 그의 정체를 묻자 "나는 그리스도가 아니오"라고 대답합니다(요 1:19-20).

그는 묵시적으로 동의하지 않고, 숨김없이 드러내어 말했습니다. 우리는 묵시적 동의를 세상을 살아가는 지혜라고 생각합니다. 누가 칭찬하면 하나님께 영광을 돌리지 않고, 묘한 웃음을 띤 채 그냥 조용히 있습니다. 속으로는 아닌 걸 알면서도 침묵이 금이라 며 입을 다문 채로 동의하는 것입니다.

여기에 세례자 요한의 위대성이 있습니다. 그는 사람들이 혼동 하지 하지 않도록 "나는 그리스도가 아니고, 엘리야도 아니다"라 고 분명하게 선을 긋습니다. 그렇게 함으로써 하나님의 영광을 도 둑질하는 죄를 범하지 않습니다. 그리고 예언자 이사야의 말을 인 용해 "나는 광야에서 외치는 사람의 소리"(요 1:23)일 뿐이라고 대 답합니다.

우리는 예수님을 세상에 전하고 사라지는 소리와도 같은 존재입 니다. 하지만 사람들은 미련을 갖고 자신의 흔적을 남기려고 애씁니다. 그래서 죽어서도 비석을 만들어 세워 두는 것입니다. 사라져 버리는 소리가 되지 않으려고, 끝없이 자신을 증명하고자 합니다.

그는 또 이렇게 고백합니다.

나는 물로 세례를 주지만 여러분 가운데 여러분이 알지 못하는 한 분이 서 계시오. 그분은 내 뒤에 오시는 분인데 나는 그분의 신발끈을 풀 자격도 없소(요 1:26-27).

세례자 요한의 영적 태도를 알 수 있습니다. 그의 관심은 오직 예수님뿐입니다. 심지어 예수님으로 말미암아 수치를 당하고, 감옥에 갇혀도 전혀 개의치 않습니다. 왜냐하면 오로지 주님만이 중요한 존재라고 생각하기 때문입니다. 그는 세상에 태어나기 전부터 예수님을 좋아했습니다. 예수님을 잉태한 마리아가 어머니 엘리사벳을 찾아왔을 때, 그는 어머니 뱃속에서 기뻐 뛰놀았습니다.

그는 평생 예수님만 바라봤습니다. 예수님에 관해 아주 깊이 생각했습니다. 그래서 자기에게 나아오시는 예수님을 한눈에 알아보고 "보시오. 세상 죄를 지고 가시는 하나님의 어린 양이십니다"(요 1:29)라고 고백할 정도로 민감할 수 있었습니다. 하나님께 받은 사명을 다하기 위해 한 길로 달리다 보니 눈이 열리고 마음이 깊어진 것입니다.

깊이 묵상할수록 분명해진다

인본주의자들은 예수님을 휴머니스트로 봅니다. 창녀를 인간적으로 대하고, 세리의 인권을 옹호해 준 휴머니스트라는 것입니다. 세상 사람들은 각기 자기 지식으로 예수님을 가늠합니다. 그런데 그 잣대가 얼마나 천박하고 세상적인지 말로 다 할 수 없을 정도입니다. 대표적인 인물이 알베르트 슈바이처(Albert Schweitzer)입니다. 그는 예수님을 하나님의 아들이 아닌 역사적 인간으로 봤습니다. 조제프 르낭도 마찬가지였습니다. 그들의 주장이 겉보기에는 그럴듯하고 멋있어 보이지만, 예수님의 실체를 모르고 한 소리일 뿐입니다. 하나님의 아들이 세상 죄를 지고 가는 어린양이 되어 우리 죄를 대속하여 주심을 몰라서 하는 소리입니다. 그분이 하늘로 올라가셨고, 우리에게 성령을 보내 주신 것을 도무지 모르고 하는 무식한 말입니다.

세상 사람들이 예수님을 믿지 않는 까닭은 자기 지식의 수준을 넘지 못하기 때문입니다. 영적 통찰력이 없고, 영적인 세계에 들어가 본 적이 없기 때문입니다. 그러니 예수님이 주시는 영적 은혜와 생명의 빛과 구원과 축복과 기쁨을 영원히 느끼지 못할 것입니다.

세례자 요한은 평생 예수님을 증거하며 살았는데, 누가 봐도 감탄할 정도로 깊은 영적 통찰력을 보여 주었습니다. 그러면서도 그가 자신을 광야의 소리로만 소개한 것이 매우 중요합니다. 인간은 스스로 신이 되려는 유혹에 넘어갔던 원죄가 있기 때문입니다. 사람은 자신이 조금만 잘났다는 생각이 들면, 주제 파악을 하지 못하고 한없이 높아지려는 성향이 있습니다. 자기 근본을 잊어버리고 무엇이든 할 수 있다고 착각하는 것이 인간입니다. 상대를 무시하고 인권을 유린하며 가난한 자와 억울한 자를 배려하지 않고 자기 입장만 고수합니다. 인간은 자신을 남보다 특별하며 뛰어난 존재로 여기고, 스스로 높아지고자 하는 유혹 앞에 늘 놓여 있습니다.

세례자 요한은 자기에게 다가오는 예수님을 보고 이렇게 고백합니다.

> 내가 전에 '내 뒤에 오시는 분이 나보다 앞선 것은 그분이 나보다 먼저 계셨기 때문이다'라고 말했던 분이 바로 이분이십니다(요 1:30).

그는 즉시 이사야의 예언을 떠올렸습니다. 예언자 이사야는 메시아가 '도살장으로 향하는 양, 털 깎는 사람 앞에서 잠잠한 어린 양'과도 같은 모습이라고 묘사했습니다. 흠모할 만한 것이 없고 볼품없는데 고난까지 받게 될 것이라고 예언했습니다. 그가 보니 정말로 예수님은 화려한 영웅의 모습이 아니셨습니다.

그는 자신도 예수님이 그분인 줄 알지 못했다고 말합니다. 그러나 물로 세례를 주라고 보내신 분이 "어떤 사람에게 성령이 내려와 머무는 것을 네가 보게 되면, 그가 바로 성령으로 세례를 줄 분임을 알라"(요 1:33)고 일러주었다고 고백합니다. 그는 성령이 하늘에서 비둘기같이 내려와 예수님 위에 머무는 것을 봤습니다. 그래서 예수님이 하나님의 아들이심을 바로 알아차렸습니다.

그런데 세례자 요한이 본 예수님의 모습은 세상 죄를 지고 가실 하나님의 어린양이었습니다. 이사야의 예언대로 조롱과 고초를 당하면서도 한마디 변명도 하지 않고 우리 죄를 짊어진 채로 처절하게 죽임을 당하실 것입니다. 그는 물로 세례를 주지만, 예수님은 성령으로 세례를 주실 것입니다. 세례자 요한만큼 예수님을 깊이 이해한 사람이 없었습니다.

5

참 빛이
따스합니다

요한복음 1:9-13

스스로 소외당하는 인간

성경은 하나님이 천지를 창조하시기 전에 땅은 혼돈하고 공허했으며 흑암이 깊음 위에 있었다고 말합니다.

> 그 땅은 형태가 없고 비어 있었으며 어둠이 깊은 물 위에 있었고 하나님의 영은 수면 위에 움직이고 계셨습니다(창 1:2).

오늘날에도 이런 모습을 볼 수 있습니다. 하나님을 거부한 채 예수님을 믿지 않는 사람들은 혼돈과 공허와 흑암이라는 세 가지 특징을 보입니다. 마구 뒤섞여 갈피를 잡을 수 없는 어지러운 삶 속에서 인생의 허무를 느끼며 어둠 속에 방황한다는 것입니다.

형태가 없이 텅 빈, 깊은 어둠의 물 위로 하나님이 "빛이 있으라"고 말씀하시면서 창조가 시작되었습니다. 빛이 비치자 혼돈과 공허와 흑암이 순식간에 사라졌습니다. 저녁이 되고 아침이 되니, 그것이 첫째 날이었습니다. 우리는 해 뜨는 아침에서 해지는 저녁으로 하루가 시작되고 끝난다고 생각하지만, 하나님이 창조하신 하루는 해지는 저녁에서 시작해서 해 뜨는 아침으로 마무리됩니다.

참 빛이 있었습니다. 그 빛이 세상에 와서 모든 사람을 비추었습니다(요 1:9).

어지럽고 어두운 세상에 예수 그리스도께서 참빛으로 오셨습니다. 빛이 세상에 와서 모든 사람을 비추었고, 세례자 요한이 참 빛이신 예수 그리스도를 증거하였지만, 사람들은 참빛이신 예수 그리스도를 환영하지 않고 거절했습니다. 말씀으로 천지를 창조하신 예수님이 자기 땅에 오셨지만, 그분의 백성들이 주님을 받아들이지 않았습니다(요 1:9-11).

인간의 주제는 단적으로 말해 '거절'입니다. 인간에게 있는 마음의 상처는 거절당한 흔적입니다. 사람은 태어나면서부터 거절당하기 시작합니다. 환영받지 못하고 거절당한 것에 대한 상처는 마음속 깊숙이 자리 잡습니다. 또한 생존 경쟁이 치열한 사회에 뛰어들어 매일 경험하는 것이 거절과 배신입니다. 가정과 학교, 직장, 사회에서 가족이나 친지 그리고 친구들과 어울리면서도 서로 거절하고 거절당하며 배신하고 배신당합니다. 이것이 마음의 상처가 되어 열등감으로 자리 잡고, 우울증을 만들고 자살을 불러오기도 합니다.

하나님은 인간을 거절하지 않고 반겨 주시지만, 세상은 인간을 거절하고 환영하지 않으며 마음에 상처를 줍니다. 거절은 철학적 용어로 '소외당하다'라는 뜻입니다. 인간은 소외감을 느끼며 고독하게 살아가는 존재입니다. 그런데 거절에는 죄의 특성이 담겨 있습니다. 죄에 매여 있는 사람은 진리를 싫어합니다. 자신의 더럽고 무질서한 내면을 드러내고 싶지 않기 때문입니다. 인간이 예수 그리스도를 환영하지 않고 거절하는 것은 그 안에 내재된 죄성 때문입니다.

예수 그리스도께서는 가장 낮은 자리에 오셨을 뿐만 아니라 고독하게 태어나셨습니다. 인간은 그분의 탄생을 죽음과 맞바꾸려고 했습니다. 예수님을 조롱하고 핍박하고 저주하더니 결국 십자가에서 죽이기까지 했습니다. 인간은 마땅히 환영하고 무릎을 꿇어 경배해야 할 분을 죄의 속성대로 거절해 버렸습니다. 인간은 생명의 빛이요 진리이신 예수 그리스도께서 임하셨을 때 완강히 거절했습니다. 죄 없으신 예수님의 사랑을 거절한 것입니다. 죄로 인해 구원의 은혜에서 스스로 소외되고 맙니다.

거짓은 참을 이길 수 없다

어둠에 사로잡힌 사람은 빛을 거부합니다. 참빛이 눈을 찌르고, 진리가 양심을 찌르기 때문입니다. 그들은 등을 돌리고 저주하며 어둠의 옷을 겹겹이 끼어 입습니다. 빛을 차단하고 자신의 불의를 감추기 위해서입니다. 빛이 들어올 것 같으면 수단과 방법을 가리지 않고 숨거나 빛을 차단합니다. 밝은 빛 아래 자기 잘못이 낱낱이 드러나 양심이 찔리는 것이 몹시 싫기 때문입니다. 그래서 참빛이신 예수님을 거절하고 피하는 것입니다.

이때 사람들이 발명한 것이 있습니다. 자신을 찌르는 참빛 대신에 거짓 빛을 만들어 낸 것입니다. 거짓 빛은 그들의 눈과 양심을 찌르지 않으니 안심합니다. 그들은 예수님 대신 철학이나 종교나 사상 등 거짓 빛에서 위안을 얻습니다.

그러나 빛의 속성은 밝게 비추는 것입니다. 첫째, 빛은 감춰진 것을 드러냅니다. 둘째, 빛은 혼란스럽게 뒤섞이지 않습니다. 그 자체로 순수하고 투명하여 불순물이 없습니다. 셋째, 빛은 어둠을 몰아내고 사물을 관통합니다. 빛이 비치면 혼돈과 허무가 사라집니다. 넷째, 빛은 따뜻합니다. 얼어붙은 것을 녹이고, 온기를 줍니다. 다섯째, 빛은 옳고 그름을 밝히 보여 주어 올바른 길을 찾도록 안내해 줍니다.

예수님이 바로 이 세상을 비추는 참빛이십니다. 세상의 어둠을 몰아내고 환하게 비추십니다. 숨기고 가려진 것에는 불빛이 닿지 못하지만, 예수님은 사람이 어디에 숨고, 무엇을 가리더라도 꿰뚫어 비추는 참빛이십니다. 사도 요한은 예수님이 세상의 빛이실 뿐만 아니라 각 사람을 비추는 빛이시라고 말합니다. 햇빛처럼 모든 사람을 비추시지만, 그와 동시에 한 사람씩 개별적으로 비춰 주십니다. 즉 구원의 길은 모든 사람에게 열려 있지만, 구원은 개개인에게 특별히 주어진다는 뜻입니다.

요한은 천지를 지으신 예수님이 세상에 오셨지만, 세상이 그분을 알아보지 못했다고 말합니다(요 1:10). 세상 사람들이 주님을 영접하지 않고 거절했다는 뜻입니다. 죄로 인해 눈이 어두워지고 양심이 마비된 인간은 자기를 낳아 준 부모를 몰라보는 자식처럼, 부모를 거역하는 탕자처럼 예수 그리스도를 인정하지도 않고, 믿으려고 하지도 않습니다.

배신은 죄인의 특성입니다. 누구나 한 번쯤 배신하거나 배신을 당해 본 적이 있을 것입니다. 이상하게도 사람은 상처받은 것은 잘 기억하면서도 자신이 상처 준 것은 잊어버립니다. 거절당해 아파 봤다는 것은, 배신당해 상처받아 본 적이 있다는 것은 나도 누군가를 거절하고, 배신해 본 적이 있다는 말입니다. 인간은 서로 배신하고 거절합니다. 인간이 당면한 많은 문제를 들여다보면, 거절과 배신으로 점철되었다고 해도 과언이 아닙니다. 부부 사이나 부모와 자식 사이도 예외일 수 없습니다.

그러나 참 빛이신 예수님을 영접하면 어떤 일이 일어납니까?

그러나 그분을 영접한 사람들, 곧 그분의 이름을 믿는 사람들에게는 하나님의 자녀가 될 권세를 주셨습니다(요 1:12).

성경은 예수님을 환영하고 믿는 사람들에게 하나님의 자녀가 될 권세를 주셨다고 말합니다. 여기에 상상할 수 없는 놀라운 기적과 축복이 있습니다. 하나님의 자녀가 된다는 것은 인생의 소속이 바뀌고, 모든 분야에서 근본적으로 변화됨을 의미하기 때문입니다. 탈북민이 남한에 오면 대한민국 국적을 받고, 생활환경이 달라지듯이 하나님의 자녀가 되면 의식이 달라지고, 문화가 달라지고, 미래가 달라진다는 뜻입니다.

하나님의 자녀가 되면 하나님의 기업을 상속받을 수 있습니다. 사탄의 종에서 하나님의 자녀로 신분이 상승합니다. 죽은 후에 천국에 가서 하늘의 축복과 영원한 생명을 선물로 받게 됩니다. 단, 하나님의 자녀가 된다면 말입니다.

예수님을 거절하던 인생에서 영접하는 인생으로 바뀌면 이런 기적을 만날 수 있습니다. 예수 그리스도를 영접하느냐 거절하느냐에 따라 인생이 영원히 달라집니다.

거절하던 인생에서 영접하는 인생으로

죄의 특성은 진리를 거절하고 훼방하는 것입니다. 거절에 익숙한 사람은 아무도 사랑하지 않습니다. 심지어 가족도 품지 않습니다. 아무리 가까이 지내도 사랑을 나누기는커녕 이용만 합니다. 사랑하고 싶어도 할 줄 모르기 때문입니다.

어느 부모가 내게 찾아와 자녀를 원망하며 대성통곡했습니다. 부모의 도리로 자식을 품고는 있지만, 너무 싫다면서 울부짖었습니다. 자식을 미워하는 것도 정도가 지나치면, 치료를 받아야 합니다. 자식은 자식대로 부모의 사랑을 받지 못해 죽어 가고, 부모는 부모대로 자식을 사랑하지 못해 죽어 가는 모습을 봤습니다.

이것이 거절입니다. 거절은 미움을 낳고, 미움의 종착역은 복수입니다. 거절감이 쌓이면 인생이 파괴됩니다. 경쟁 사회에서 생존을 위해 살아가는 현대인들은 숱하게 거절하고, 거절당합니다. 그러다 보니 타인을 포용하는 훈련이 되어 있지 않습니다. 이를 볼 때, 인간이 죄인임을 새삼스럽게 깨닫습니다.

또한 거절은 불신을 낳습니다. 거절당할 것 같으면 자기가 먼저 거절해서 상처를 덜 받으려고 합니다. 가정에서나 직장에서나 이런 믿음의 악순환이 거듭되고 있습니다. 신뢰 없으니 아무리 좋은 말을 해도 믿으려고 하지 않습니다. 심지어 목사의 설교를 좋은 말로 속이는 전략으로 여기는 사람들도 있습니다. 스스로 축복의 통로를 차단하는 것입니다. 축복의 문은 예수님을 믿어야만 열리기 때문입니다.

하나님께 거절당해 마음에 상처를 입었다고 하소연하는 사람도 있습니다. 예수님을 믿고 기도해 봤지만 아무 응답도 받지 못했다고 불평합니다. 하나님께 충성했더니 돌아온 것은 저주밖에 없었다고 말하기도 합니다. 기도했는데, 그 결과가 나쁘면 사람들은 쉽게 상처받고 방황합니다. 하지만 분명한 것은 하나님은 살아 계시고, 기도에 응답하신다는 확신을 가지고 기다려야 한다는 것입니다.

성경은 예수님을 영접하고 그 이름을 믿는 사람들에게 하나님의 자녀가 되는 권세를 주신다고 약속합니다. 그런 일이 정말로 가능할까요?

> 이 사람들이 하나님의 자녀로 태어난 것은 혈통이나 육정이 나 사람의 뜻으로 된 것이 아니라 하나님의 뜻으로 된 것입니다(요 1:13).

아무리 잘난 사람이라도 자기 힘으로 하나님의 자녀가 될 수는 없습니다. 좋은 가문에 입양되거나 부자 나라에 이민을 가도 구원을 얻지는 못합니다. 성품이 곱고, 학식이 높고, 인격이 훌륭해도 천국에 못 들어갈 수 있습니다. 이 모든 것이 전적으로 하나님의 뜻에 달려 있기 때문입니다.

구원의 자격을 갖춘 사람은 아무도 없습니다. 하나같이 악하고 모자랍니다. 그런데도 하나님은 죄 많고 흠도 많은 우리를 사랑하기로 하셨습니다. 그래서 예수님을 믿고 구원받을 길을 열어 주셨습니다. 우리를 초청하여 자녀로 삼으셨습니다.

우리가 할 일은 예수님을 거절하지 않고, 영접하는 것뿐입니다. 그러면 우리 삶에 기적이 일어나고, 하나님의 자녀가 되는 특권이 우리에게 주어집니다. 하나님의 축복을 받고 안 받고는 우리 믿음에 달렸습니다.

6

분에 넘치는
은혜입니다

요한복음 1:14-18

하나님이 육신이 되시다니

나는 젊은 시절에 예수님을 믿고 구원받아 하나님의 지극하신 사랑에 감동되어 목사가 된 사람입니다. 목사가 되어서도 구원을 생각하면 마음속 깊은 곳에서부터 감사와 감동이 일어납니다. 그래도 가끔 이런 생각을 할 때가 있습니다. '정말 예수 그리스도가 하나님이실까?' 묵상 끝에 예수님은 틀림없이 하나님이시라는 결론에 도달하면, 또다시 전율을 느낍니다.

만약에 우리가 믿는 예수님이 하나님이 아닌 훌륭한 종교 지도자에 불과하다면 어떤 일이 벌어질까요? 한마디로 구원의 기쁨이 물거품처럼 사라져 버릴 것입니다.

성경은 예수 그리스도를 영광의 하나님으로 선언합니다.

그 말씀이 육신이 돼 우리 가운데 계셨기에 우리는 그분의 영광을 보았습니다. 그것은 은혜와 진리가 충만한 아버지의 독생자의 영광이었습니다(요 1:14).

우리는 기회가 있을 때마다 이 말씀을 자주 읽고 묵상해야 합니다. 좋은 말씀이구나 하고 그냥 지나칠 것이 아니라 밤이나 낮이나 항상 읽고 가슴에 새겨야 합니다. 어떻게 인간이 하나님일 수 있겠습니까! 인간이 하나님의 형상대로 지음 받았다는 사실은 알지만, 예수님이 인간으로 오신 하나님이라는 말씀은 쉽게 이해되지 않는 법입니다. 그러니 이 말씀을 두고두고 깊이 묵상해야 합니다. 그래야 구원의 주체이신 예수님을 알고, 은혜와 진리가 충만하신 분의 영광을 볼 수 있습니다.

성경은 하나님을 묘사할 때, 일월성신에 빗대지 않고 돌이나 나무로 형상화하지도 않습니다. 우리가 이해할 수 있는 최상의 단어로 묘사하는데, 바로 '말씀'입니다. 이것은 다른 어떤 종교에서도 볼 수 없는 탁월한 묘사입니다.

창세기는 "하나님께서 태초에 하늘과 땅을 창조하셨습니다"(창 1:1)라고 시작합니다. 이것을 달리 말하면, "태초에 말씀이 천지를 창조하셨습니다"입니다. 그런가 하면, 요한복음은 "태초에 말씀이 계셨습니다"(요 1:1)라고 시작합니다. 이것을 "태초에 하나님이 계셨습니다"로 달리 표현할 수 있습니다.

성경은 세상의 거짓 신이나 온갖 우상들과 하나님을 혼동하지 않도록, 하나님을 '창조주 하나님', '절대자 하나님', '야훼 하나님' 등으로 다양하게 묘사합니다. 여기서 공통점은 하나님을 인격체로 묘사한다는 것입니다.

하나님은 영이시며 인격체이십니다. 인격을 만드신 분이 어떻게 인격이 아니실 수 있겠습니까? 하나님은 영원 전부터 스스로 존재하신 천지 만물의 창조주이시며, 비록 볼 수 없고 만질 수는 없지만 사랑하는 인간과 대화하고 교제를 나누시는 분입니다. 하나님은 성부와 성자와 성령이 늘 연합하여 화목하시니 고독하지 않으십니다. 삼위일체 하나님이 우리도 남자와 여자가 하나 되고, 부모와 자녀, 형제자매가 연합하여 공동체를 이루어 살게 하셨습니다. 가정과 사회에서 서로 교통하며 살아가게 하셨습니다.

말씀이신 하나님이 육신이 되어 우리 가운데 계셨다는 사실은 정말 놀라운 일입니다. 창조주께서 친히 피조물 속으로 들어오셨다는 뜻이기 때문입니다. 만유의 주께서 자기 지위를 내려놓고, 자기 형상대로 지으셨던 인간이 되신 것입니다. 여기에 구원의 신비와 감동이 있고, 여기에 기적과 축복이 담겨 있습니다.

매우 충격적인 사건

우리는 예수님이 성육신하신 하나님이라는 진리에 너무 익숙한 나머지 이것이 얼마나 충격적인 말씀인지 잘 느끼지 못합니다. "그 말씀이 육신이 돼 우리 가운데"(요 1:14) 계셨다는 말씀이 얼마나 충격적인 사건인지를 증명해 보이겠습니다.

옆에 있는 사람에게 "당신은 하나님입니다"라고 말해 보십시오. 입이 잘 열리지 않을 것입니다. 그러면 "당신은 하나님의 형상으로 지음 받은 고귀한 존재입니다"라고 말해 보십시오. 쉽게 말할 수 있을 것입니다.

누가 나를 너무나 사랑해서 내 얼굴을 뚫어져라 쳐다봐도 나는 신이 될 수 없습니다. 죄와 미움과 분노로 가득 찬 인간, 저주와 죽음의 그림자가 주변에서 어른거리는 한 인간일 뿐입니다. 배움과 훈련을 통해 죄를 덜 짓고 거짓말을 덜 하는 도덕적인 인간이 될 수는 있어도 신이 되지는 못합니다. 길가의 돌멩이를 아무리 갈고 닦아도 다이아몬드가 될 수 없듯이 말입니다. 이처럼 신은 신이고, 인간은 인간일 뿐입니다. 그러니 예수님이 곧 하나님이라는 성경 말씀은 인간에게 매우 충격적인 선언입니다.

죄가 없는 완전한 인간이 있으니, 그가 바로 예수 그리스도입니다. 예수님의 얼굴을 보면, 하나님의 얼굴을 본 것이나 다름없습니다. 예수님이 하나님이시라는 진리를 믿고 성경을 읽어야만 창세기부터 요한계시록까지 한눈에 꿰뚫어 볼 수 있습니다. 예수님이 하나님이심을 믿지 못한다면, 성경을 아무리 읽어도 이해되지 않을 것이며 온갖 의심으로 갈등하게 될 것입니다.

예수님은 하나님의 독생자, 즉 하나님이시라는 사실은 진리입니다. 원래 하나님이신 분이 하나님과 동등됨을 취하지 않으시고 육신이 되어 이 땅에 오셔서 인간의 죄 문제를 해결하기 위해 십자가에 못 박혀 죽으셨습니다.

마지막 날에 예수님이 역사의 주인으로 다시 오실 것이라는 사실을 우리는 조금도 의심하지 않습니다. 예수님은 하나님이시므로 시간과 공간을 초월해 존재하심을 알기 때문입니다.

그런데 세상의 고약한 사람들은 예수님을 사생아로 부르며 깎아내립니다. 그들이 그런 말을 하는 이유는 자신이 사생아이기 때문입니다. 인간은 자신이 경험한 것을 입 밖으로 내는 존재입니다. 살면서 경험한 것이 죄와 타락과 도둑질과 음란밖에 없기에 예수님에게도 자신들의 경험을 적용하려고 듭니다. 그들은 흠 없고 죄없는 완전한 인간을 상상조차 해 본 적이 없을 것입니다. 하지만 우리는 예수님이 하나님이심을 압니다.

세상에 오신 하나님에 관한 세 가지 증거

하나님이 육신을 입고 세상에 오신 것에 관한 세 가지 증거가 있습니다. 첫째, 말씀이 육신이 되어 우리 가운데 거하셨다는 사실입니다. 많은 사람이 하나님을 멀리 계신 절대 타자로 생각합니다. 그들은 임마누엘 하나님을 이해하지 못합니다. 보잘것없는 우리에게 다가와 우리 안으로 들어오시는 분을 알지 못합니다. 그래서 막연히 하나님을 두려워합니다.

그러나 성경은 하나님이 우리 가운데 계신다고 말합니다. "말씀이 육신으로 되었다"는 것은 곧 하나님이 물질 안으로 들어오셨다는 뜻입니다. 시공을 초월해 존재하시는 하나님이 육체라는 물질 안으로 들어오신 것입니다. 이것이 기독교 진리의 핵심이며 겸손입니다.

겸손은 사람이 낮아지는 것을 말하는 것이 아니라 하나님이 인간 되신 것을 말합니다. 하나님이 자신을 포기하고 육신을 입고 인간을 찾아오셨습니다. 기독교의 본질은 자기 포기입니다. 기독교가 세상의 영웅, 기득권 세력으로 등장한다면 기독교라고 할 수 없습니다.

"그 말씀이 육신이 돼 우리 가운데" 계셨다는 말씀은 구약성경에서도 찾아볼 수 있습니다. 바로 성막입니다. 하나님은 모세에게 성막을 짓도록 명령하셨는데, 그곳에서 인간과 만나 주셨습니다. 인간은 짐승을 잡아 피를 뿌리고, 죄 용서함을 받은 후에야 하나님께 나아갈 수 있었습니다. 성막은 인간이 하나님을 만나 죄 용서를 빌던 곳이자 희망과 용기를 얻는 곳이었습니다.

그러나 이제 하나님이 육신을 입고 친히 이 땅에 오셨습니다. 누구든지 예수 그리스도를 믿으면 그 사람 안에 하나님이 거하시게 된 것입니다. 이것이 바로 "그 말씀이 육신이 돼 우리 가운데 계셨다"라는 말입니다.

둘째, 예수님의 영광을 보니 "아버지의 독생자의 영광"(요 1:14)인 것이 증거가 됩니다. 육신을 입고 이 땅에 오셔서 우리 가운데 거하시는 예수 그리스도의 얼굴에 하나님의 영광의 광채가 나타난 것입니다. 영광은 곧 빛입니다. 이는 사람의 빛이 아니라 하나님의 빛입니다. 예수님의 얼굴을 볼 때마다 하나님의 빛을 볼 수 있습니다. 그 영광의 빛은 구원이며 치유의 능력입니다. 예수님의 얼굴에 영광이 없다면, 그저 평범한 한 인간에 불과할 것입니다. 하지만 예수 그리스도의 얼굴에는 하나님의 영광이 가득했습니다.

빛은 그림자가 없습니다. 하나님의 영광에는 죄나 어둠이 없습니다. 예수님의 얼굴에는 회전하는 그림자조차 없습니다. 인간의 얼굴에는 근심과 걱정과 슬픔이 가득하고, 인생의 그늘로 인해 웃음 뒤에도 고독이 묻어납니다. 하지만 예수님의 얼굴에는 "아버지의 독생자의 영광"만이 가득합니다. 독생자의 영광이란 성부, 성자, 성령의 삼위일체 가운데 성자의 영광을 말합니다. 곧 하나님의 영광입니다.

전도를 통해 예수님을 영접한 후에 공허함을 느끼는 사람이 제법 많습니다. 아무 생각 없이 예수님을 믿었다는 증거입니다. 그래서 신앙생활이 힘듭니다. 자꾸 의심이 들고 낙심하는 것은 독생자의 영광을 본 적이 없기 때문입니다.

어떤 사람들은 예수님이 하나님의 아들이므로, 하나님이 가장 높고, 그다음이 예수님이라고 해석하곤 합니다. 하지만 성부와 성자와 성령은 하나이며 세 분은 동격이십니다.

"독생자의 영광"을 헬라어로 보면, 두 가지 뜻이 있습니다. 하나는 말 그대로 '독생자의 영광'이고, 또 하나는 '독특한 영광'입니다. 하나님의 독생자, 예수 그리스도의 영광은 무엇과도 비교할 수 없을 정도로 독특합니다.

셋째, 예수님이 은혜와 진리가 충만하신 분이라는 사실이 증거가 됩니다. 생명으로, 빛으로 오신 예수 그리스도 안에는 두 가지 영광이 있습니다. 바로 은혜와 진리입니다. 먼저 은혜의 영광은 영원한 사랑을 말합니다. 조건 없이 무제한적으로 주어져 항거할 수 없는 사랑이 은혜입니다. 예수 그리스도의 얼굴에 은혜가 넘치니 그 얼굴을 바라보는 우리에게 은혜가 쏟아진다는 뜻입니다.

TV 다큐멘터리를 보고 감동을 받아서 연신 눈물을 훔친 적이 있습니다. 통영 근해 낙도에서 사는 모녀에 관한 이야기였습니다. 75세인 어머니가 56세 된 정신지체 1급 장애인 딸과 살고 있었습니다. 도시에서 살면 딸을 잃어버릴까 봐 일부러 섬으로 들어간 것입니다. 주민들이 모두 떠나고, 수도도 전기도 통신망도 들어오지 않는 곳에서 모녀가 살았습니다.

고령임에도 노모는 아주 건강했습니다. 아니, 건강하지 않으면 안 되었습니다. 장애인 딸을 보살펴야 하기 때문입니다. 어머니가 없으면 딸은 곧 죽게 될 것입니다. 노모는 혼자서 아무것도 할 수 없는 딸에게 세 끼 식사를 차려 주고, 행여 물가나 불가로 갈까 봐 그 뒤를 챙겼습니다. 아들 다섯이 육지에서 살고 있지만, 노모는 딸을 돌보느라 낙도에서 한 달 생활비 20만 원을 쪼개어 쓰며 살았습니다.

그 섬에 빈 교회가 하나 있었습니다. 노모는 자기가 죽으면 누가 딸을 돌보겠느냐면서 날마다 교회에 가서 기도했습니다. 어머니는 자녀를 위해 모든 것을 희생하고 있었습니다. 노모의 삶이 헨리 나우웬의 삶보다 더 위대해 보였습니다.

하나님의 사랑이 바로 그 노모의 사랑 같지 않을까 하는 생각이 들었습니다. 그래서 눈물이 하염없이 흘렀던 것입니다. 하나님은 보잘것없는 우리를 밤낮으로 보살펴 주십니다. 예수님의 얼굴에 흐르는 은혜의 영광이 우리에게 임했기 때문입니다.

또한 예수님의 영광은 진리의 영광입니다. 진리란 진실을 말합니다. 거짓이나 과장이나 속임수가 없는 것입니다. 성경은 하나님이 속이는 저울을 싫어하신다고 말합니다(잠 11:1). 그런데도 저울 눈금을 조작하고 속이는 장사꾼이 많습니다. 법원은 공정한 재판을 원칙으로 합니다. 그런데도 종종 불공정한 판결이 내려지는 것을 봅니다. 인간의 지식과 학문이 불완전하기 때문입니다. 하지만 예수님의 말씀은 완전하고 진실합니다.

하나님은 모세를 통해 율법을 주셨지만, 예수 그리스도를 통해서는 은혜와 진리를 주셨습니다(요 1:17). 할렐루야! 우리는 예수 그리스도로 말미암아 구원을 받았고, 영생을 얻었습니다. 우리에게 은혜와 진리를 주신 하나님께 감사를 올립시다.

7

예수님에게 미치니
삶이 아름답습니다

요한복음 1:19-34

오해 아닌 오해를 받은 선구자

"일송정 푸른 솔은 늙어 늙어 갔어도 / 한 줄기 해란강은 천 년 두고 흐른다 / 지난날 강가에서 말 달리던 선구자 / 지금은 어느 곳에 거친 꿈이 깊었나."

일제 강점기 때 조두남 씨가 작곡한 〈선구자〉라는 가곡은 나라를 사랑하는 독립투사의 의지와 기개를 잘 표현하고 있습니다. 선구자란 '높은 꿈과 이상을 실현하는 사회적 지도자'를 말합니다.

성경에도 이런 선구자가 한 사람 있습니다. 바로 세례자 요한입니다. 그는 예수 그리스도를 위해 선구자로 태어난 사람입니다. 그는 광야에서 살면서 자기를 찾아오는 사람들에게 서슴없이 "회개하라"고 꾸짖듯 소리쳤습니다. 담대하게도 사람들이 듣기 싫어하는 소리만 했습니다. 결국. 목이 잘려 일찍 생을 마감해야 했던 세례자 요한은 고독한 선구자였습니다. 역설적이게도 오늘날 우리는 그를 그리워하며 사랑합니다. 세례자 요한처럼 되고 싶어 하는 사람이 많습니다.

당시 세간에는 세례자 요한에 대한 오해가 많았습니다. 첫째, 그가 위대한 설교자라는 오해입니다. 세례자 요한의 설교가 얼마나 충격적이었던지 그의 설교를 듣기 위해 사람이 구름처럼 광야로 몰려들었습니다. 바리새파 사람들과 사두개파 사람들까지도 그를 찾아왔습니다. 많은 사람에게 큰 영향력을 주었으니 위대한 설교자로 오해받는 것은 당연한 일이었습니다.

둘째, 그가 세례를 주는 사람이라는 오해입니다. 그는 요단강에서 회개하라고 외치며 사람들에게 물로 세례를 베풀었습니다. 그래서 그의 별명이 세례자 요한입니다. 예수님도 그에게 물로 세례를 받으셨으니, 그가 세례를 주기 위해 세상에 왔다는 오해가 생길 법도 합니다.

셋째, 그가 정의를 부르짖는 사회 개혁가라는 오해입니다. 이것도 틀린 말은 아닙니다. 당시 권력의 정점에 있었던 헤롯왕의 부도덕과 비리에 맞서다가 죽었기 때문입니다. 우리는 불의를 보고도 꿀 먹은 벙어리처럼 입을 다물고 있을 때가 많습니다. 그러면 안 되는 줄 알면서도 그냥 지나쳐 버립니다. 하지만 세례자 요한은 불의를 보고 참는 법이 없었습니다. 누구보다도 정의감에 불타올랐고, 특히 사회 정의에 민감했습니다. 그러니 세상 사람들에게 그런 오해를 사고도 남을 만했습니다.

이처럼 세례자 요한은 위대한 설교가이자 세례를 주는 자요 사회 개혁가로 오해 아닌 오해를 받았습니다. 이것을 오해라고 하는 것은 그의 본분이 따로 있었기 때문입니다. 세상 사람들 눈에 비친 세례자 요한의 삶은 현상일 뿐 그의 진정한 삶은 아니었습니다. 그는 설교하고 세례를 주고, 사회를 개혁하기 위해 세상에 온 것이 아닙니다.

무엇에 미쳐 사느냐가 그 사람을 말한다

세례자 요한은 오직 예수 그리스도를 증거하기 위해 태어난 사람입니다. 예수님이 하나님의 아들이시며, 인류의 구원자요 세상 죄를 지고 가는 하나님의 어린 양이라는 사실을 그는 자기 삶을 통해 선포하고 증거했습니다. 태어나서 죽을 때까지 그를 사로잡은 것은 설교도 세례도 사회 정의도 아닌 바로 예수 그리스도였습니다.

한 가지만 바라보고 사는 사람을 보고, 속된 말로 '미쳤다'고 합니다. 세상 사람들은 예수님에게 미치지 않으려고 얼마나 발버둥 치는지 모릅니다. 다들 기를 쓰고 자기 삶을 즐기려고 애씁니다. 자기 자신을 위해 얼마나 열심히 사는지 모릅니다.

나는 목회자요 성직자입니다. 그러니 예수님을 위해 사는 것이 당연하다고 생각합니다. 그런데도 과연 나는 예수님만을 위해 살고 있는가 하고 자문해 보면, 자신 있게 대답할 수가 없습니다. 신앙생활을 잘하는 훌륭한 분들이 주변에 많습니다. 하지만 예수님에게 미쳐 사는 사람은 별로 없습니다.

과연 우리는 예수님에게 미쳐 살고 있습니까? 인생의 희로애락을 오롯이 예수님과 함께하고 있습니까? 믿는 사람의 대다수는 일주일에 한두 번, 많으면 서너 번 교회에 오는 것으로 만족하며 살아갑니다. 그러나 그들에게 정말로 예수님과 동행하며 사는지 묻는다면, 자신 있게 대답할 사람이 많지 않을 것입니다.

우리는 인생의 세파에 시달리면서 여러 가지 일로 갈등합니다. 하지만 세례자 요한은 참으로 단순하게 살았습니다. 그에게는 예수님 한 분밖에 없었습니다. 그렇다고 균형 감각을 잃고 편협하게 산 것도 아닙니다. 그는 영향력 있는 삶을 살았습니다.

이 시대 선교사들이 그런 삶을 삽니다. 그들은 예수님 한 분을 위해 남들이 가지 않는 곳으로 가서 삶과 죽음의 경계선을 넘나듭니다. 학업을 포기하고, 성공을 뒤로 한 채 자기 삶과 가족까지 송두리째 바치며 미지의 땅으로 달려갑니다.

나는 일찍이 작고하신 이영도 목사님의 글을 읽고 심히 부끄러움을 느낀 적이 있습니다. 그분은 교파나 교단이나 모든 인간관계를 초월하여 오로지 예수님 한 분만을 따라 살았습니다. 설교할 때도 오직 예수님만 토해 냈습니다. 우치무라 간조(內村鑑三)나 가가와 도요히코(賀川豊彦)도 평생 예수님만 품고 살았습니다.

주변에서 사랑에 미친 사람을 많이 볼 수 있습니다. 사랑에 미친 사람은 예뻐 보입니다. 어떤 사람은 사업에 미쳐 삽니다. 새벽부터 잠자리에 들 때까지 돈 버는 일에만 집중합니다. 학문이나 예술에 미친 사람도 있습니다. 정치에 미친 사람은 아무도 못 말립니다. 알코올, 마약, 폭력, 노름, 섹스에 미친 사람은 말할 것도 없습니다. 무엇에 미쳐 사느냐가 그 사람을 말해 줍니다.

나도 그런 삶을 살 수 있을까

세례자 요한은 예수님에게 미친 사람이었습니다. 무엇인가에 열중하여 미친 사람은 겁도 없고 두려움도 없습니다. 열중하고 있는 일을 그만두는 법이 없고, 그 일 때문에 손해를 봐도 기뻐합니다. 우리가 순교자를 존경하는 이유가 바로 이것입니다. 순교는 제정신으로 불가능합니다. 예수님에게 미쳤으니 자기 목숨을 미련 없이 버리는 것입니다. 불에 태워도 기쁨으로 찬송하고, 굶주린 사자의 이빨에 찢겨 죽어 가면서도 얼굴에 미소를 띠는 사람들을 세상이 어떻게 이기겠습니까? 히브리서 말씀대로 갖은 모욕과 수모를 겪으면서도 예수님만을 얘기하는 사람들을 세상은 감당하지 못합니다(히 11:38).

오로지 예수님을 위해 살며, 그분의 증인이 된 세례자 요한에게서 세 가지 특징을 발견합니다. 첫째, 그는 아닌 것은 아니라고 말합니다. 사람들이 그에게 "당신은 누구요?"라고 묻자 그는 자신이 그리스도가 아님을 밝힙니다(요 1:19-20). 그의 대답은 세상 사람의 기대를 전면 부인하는 것이었습니다.

반드시 "NO" 해야 할 때, "NO"하지 못하면 위기가 찾아옵니다. 사람들의 헛된 기대를 적당히 타협하고 받아들이는 순간, 인생에 혼돈과 갈등이 불러들이는 패착을 두게 됩니다.

자신이 누구인지 확실하게 대답할 수 있는 사람은 예수님을 위한 삶이 시작되었다고 말할 수 있습니다. 우리는 자신이 누구이며,

어디서 와서 무엇을 하다가 어디로 갈 것인가에 대한 대답을 항상 준비하고 있어야 합니다.

둘째, 그는 말씀에서 자기 사명을 확인합니다. 세례자 요한은 자신의 정체를 분명하게 밝힙니다. 그는 "내 생각에는⋯", "사람들이 말하기를⋯"과 같은 식으로 대답하지 않습니다. 그는 예언자 이사야의 말씀을 인용해 자신을 "광야에서 외치는 사람의 소리"로 소개합니다. 우리도 세례자 요한처럼 하나님이 주신 사명으로 자신의 정체를 밝힐 수 있어야 합니다.

셋째, 그는 예수 그리스도만 바라봅니다. 세례자 요한은 예수님만 묵상한 사람입니다. 그래서 그는 예수님이 세상 죄를 지고 가는 하나님의 어린양이심을 한눈에 알아봤습니다. 그는 무슨 일을 하든지 예수님만 위해 살았습니다.

일제 강점기에 누가 건드리기만 하면 "예수, 천당!"이라고 외쳤던 분이 있습니다. 최봉선 목사님입니다. 일본 순사들이 때리기만 하면 "예수, 천당!"을 외쳐서 그분을 고문할 수 없었다고 합니다. 비록 전도하는 방식이 나와는 맞지 않지만, 그분의 열정이 부럽습니다. 내 삶도 예수님만을 위한 삶이 되면 좋겠습니다.

8

새 이름을 주시니
내가 달라집니다

요한복음 1:35-42

하나님의 사랑하는 아들이 가장 먼저 하신 일

예수님의 공생애는 요단강에서 세례를 베풀던 세례자 요한에게 세례를 받으시는 것으로 시작됩니다. 예수님이 세례자 요한에게 물로 세례를 받으신 것은 기쁜 일이면서도 한편으로 매우 충격적인 일입니다. 어떻게 하나님이 인간한테서 세례를 받으실 수 있습니까? 인간이 인간에게 세례를 받는 것은 이해할 수 있지만, 하나님의 아들이신 예수님이 인간에게 세례를 받으신 것은 잘 이해되지 않습니다.

그러나 놀랍게도 예수님이 인간에게 세례를 받으신 사건이 공생애의 출발점이 되었습니다. 예수님이 인간에게 세례를 받으신 것은 자신의 죄 때문이 아니라 온 인류의 죄를 짊어지시기 위함이었습니다.

예수님이 세례를 받으시자마자 하늘이 열리고 하나님의 성령이 비둘기처럼 예수님께 임하시며, 하늘에서 음성이 들려왔습니다.

이는 내가 사랑하는 아들이다. 내가 그를 매우 기뻐한다(마 3:17).

세례를 받으신 예수님은 설교나 기적이나 어떤 위대한 일을 행하시지 않고, 놀랍게도 제자 부르는 일로 공생애를 시작하셨습니다. 예수님의 생애를 통해 알 수 있는 사실은, 주님은 사역보다 사람을 더 중히 여기셨다는 것입니다.

많은 사람이 일을 최우선으로 생각합니다. 사업가들은 열심히 일하여 자신이 원하는 대로 성공을 거듭니다. 그런데 사람을 키우지 않은 탓에 곤경에 빠지곤 합니다. 할 일은 많은데 그 일을 감당할 만한 사람이 없는 것입니다. 또는 믿었던 사람이 회사의 기밀을 빼내 경쟁업체에 넘기기도 합니다. 그런 뼈아픈 교훈을 겪으면서도, 우리 사회는 사람보다도 일을 우선시하는 분위기입니다. 나의 약점은 일을 너무 좋아한다는 것입니다. 많은 일을 벌여 놓고 열심히 나아가다 보면, 그 많은 일을 감당할 만한 사람을 훈련시켜 놓지 못했다는 사실을 뒤늦게 깨닫습니다.

예수님의 공생애 3년은 대부분 사람을 훈련시키고, 키우는 일로 채워져 있습니다. 우리는 예수님을 통해 사람을 선택하고 키우는 원리를 발견합니다. 무슨 일을 하든지 결국은 사람을 키우는 것이 가장 중요합니다. 그래야 자신이 하던 일을 사후에도 후계자들을 통해 계속할 수 있기 때문입니다. 예수님은 열두 제자를 불러 훈련시키는 데서부터 본격적으로 사역을 시작하셨습니다.

예수님의 제자 선택에는 원리가 있습니다. 예수님은 한꺼번에 여러 사람을 부르지 않으시고, 한 사람씩 불러 제자로 삼으셨습니다. 한마디로 소수 정예 원칙입니다.

사람들은 대개 숫자나 양에 민감합니다. 많은 사람을 불러놓고 일을 크게 벌여야 성공한다고 생각합니다. 구체적인 성과가 눈에 들어오지 않으면 잘못된 것으로 판단하기도 합니다. 아파트 평수도 넓을수록 좋고, 승진하여 피라미드 꼭대기로 올라갈수록 보람을 느낍니다.

그런데 예수님은 일보다 사람이 소중하고, 양보다 질이 중요하다고 가르쳐 주십니다. 온누리교회 초창기에 열두 가정이 모여 지하실을 빌려서 예배드리던 때가 생각납니다. 적은 인원이었지만, 얼마나 흥분되었는지 모릅니다. 그때는 모든 성도와 일일이 만나 식탁 교제를 나누며 함께 시간을 보냈습니다.

교회의 본질은 변하지 않습니다. 예수님이 열두 제자를 부르셔서 작은 공동체를 만드셨듯이 교회 안에는 긴밀한 관계와 교제가 있는 소그룹이 필요합니다. 그곳에서 성령의 역사가 일어나고, 치유와 회복이 임합니다. 이것이 하나님과 우리의 관계요 교회의 본질입니다. 만약 이런 것들을 잃어버린다면 교회는 극장이나 공연장과 다를 바 없을 것입니다. 그러면 교회는 하나님의 기도하는 집으로서의 역할을 감당하지 못하게 됩니다.

일대일 사역을 하는 이유도 여기에 있습니다. 일대일 성경공부를 하지 않은 사람은 교회를 모르는 사람이라고 해도 과언이 아닙니다. 영혼의 문제로 괴로워하는 사람, 죽어 가는 사람, 병들어 가는 사람을 개인적으로 양육해 보지 않으면, 교회의 본질을 이해하지 못합니다.

예수님이 선택하신 제자들은 부족하고 연약한 사람들이었습니다. 그들이 저지르는 우매한 실수와 행동은 예수님이 십자가에 못박혀 돌아가실 때까지 계속되었습니다. 그러나 예수님은 한 영혼이라도 더 만지고 돌보며 기도할 수 있는 사람들을 제자로 부르신 것이었습니다. 교회의 부흥과 성장의 원리도 마찬가지입니다. 성도가 한 사람씩 그리스도의 제자로 부르심을 받고 훈련을 받아야 교회가 사명을 완성할 수 있습니다.

그러므로 교회는 제자 양육의 중요성을 강조해야 합니다. 제자 양육이 없다면 교회의 본질에 접근할 수 없습니다. 예수님의 제자 선발의 원리, 즉 개인적으로 만나 소수 정예 요원을 선발하는 원리가 없다면 아무리 큰 교회라도 그냥 집단일 수밖에 없습니다.

그가 머무는 곳에서 알게 되는 것들

예수님이 열두 제자 중 가장 먼저 선택하신 사람은 안드레입니다. 그가 예수님의 택하심을 받는 장면은 매우 흥미롭고 재미있습니다.

다음날 요한은 자기 두 제자와 함께 다시 그곳에 서 있다가 예수께서 지나가시는 것을 보고 말했습니다. "보라. 하나님의 어린 양이시다." 그 말을 듣고 요한의 두 제자가 예수를 따라갔습니다. 예수께서 뒤를 돌아 그들이 따라오는 것을 보고 물으셨습니다. "무엇을 원하느냐?" 그들이 말했습니다. "랍비여, 어디에 머물고 계십니까?"('랍비'는 '선생'이라는 뜻입니다)(요 1:35-38).

예수님의 첫 번째 제자가 세례자 요한의 제자였다는 사실이 놀랍습니다. 아무나 예수님의 제자가 될 수 있는 게 아니라는 사실을 깨닫습니다. 당시 세례자 요한의 제자가 된다는 것은 매우 어려운 일이었습니다. 제자들은 스승과 함께 메뚜기와 들꿀을 먹고, 낙타 털로 만든 옷에 허리에 가죽띠를 두르고 사람 없는 광야에서 살아야 했습니다. 열악한 환경에서 육체적인 고통을 감수하며 살기란 쉬운 일이 아닙니다. 그러니 세례자 요한의 제자라면 잘 훈련되고 준비된 사람임을 알 수 있습니다.

세례자 요한의 제자들이 예수님의 제자가 될 수 있었던 이유는 두 가지입니다. 첫째, 그들이 세례자 요한을 가까이에서 따라다녔기 때문입니다. 세례자 요한의 관심은 오직 예수님밖에 없었습니다. 그는 예수님이 지나가시는 것을 보고 "세상 죄를 지고 가시는 하나님의 어린양"이라고 외쳤습니다. 이것은 세례자 요한이 전한 메시지의 전부이자 핵심입니다. 제자들은 스승의 외침을 듣고 예수 그리스도가 누구이신지를 배울 수 있었습니다.

둘째, 세례자 요한의 외침을 듣고, 즉시 예수님을 찾아갔기 때문입니다.

> 그 말을 듣고 요한의 두 제자가 예수를 따라갔습니다(요 1:37).

그들이 자기 스승을 떠나 예수님께로 간 것을 보면, 평소에 훈련을 잘 받아 왔음을 알 수 있습니다. 이와 마찬가지로 오늘날 교회에는 담임 목사의 제자가 없어야 합니다. 성도들이 담임 목사를 정말로 좋아하고 사랑한다면, 목사에게서 예수님을 볼 수 있어야 합니다. 어느 목사의 제자가 아닌 예수님의 제자가 되어야 합니다. 세례자 요한의 제자들은 스승의 말을 듣고 즉시 예수님을 따라갔습니다. 그렇습니다. 담임 목사와 출석하고 있는 교회를 떠나 예수님께로 가는 것이 옳은 길입니다. 그것이 우리가 주님을 따르는 길입니다.

예수님이 그들에게 "무엇을 원하느냐?"고 물으십니다. 여기서 예수님이 누구를 찾느냐고 묻지 않고, 무엇을 원하느냐고 물으셨다는 점이 흥미롭습니다. 게다가 세례자 요한의 제자들은 "당신은 누구십니까?"라고 묻지 않고, "랍비여, 어디에 머물고 계십니까?"라고 묻습니다. 그들은 예수님의 거처가 궁금했습니다. 대개 사한 곳을 보면, 그 사람에 대해 알 수 있기 때문입니다.

그러자 예수님이 "와서 보라"고 말씀하십니다. 그래서 두 제자가 가서 그분이 계시는 곳을 보고 그날 그분과 함께 지냈습니다(요

1:39). 예수님이 "여우도 굴이 있고 하늘의 새들도 보금자리가 있지만 인자는 머리를 둘 곳이 없구나"(마 8:20)라고 말씀하신 기록이 있는 것으로 보아 분명히 예수님의 거처는 편하지도 않고, 화려하지도 않은 곳이었을 것입니다. 누추한 곳으로 사람을 초대한다는 것은 쉬운 일이 아닙니다.

영국 런던에서 2년 6개월 지내는 동안에 존 스토트(John Stott) 목사님 댁에 초대받은 적이 있습니다. '유럽의 빌리 그레이엄(Billy Graham)'으로 불리며, 전 세계적으로 큰 존경을 받던 석학입니다. 그런 분의 집에 초대받았으니 흥분되는 것은 당연한 일이었습니다.

눈이 오는 겨울날이었습니다. 우리 가족은 점심도 먹는 둥 마는 둥하고 기대에 차서 그분의 집으로 갔습니다. 함께 초대받은 몇몇 사람이 도착해 초인종을 눌렀습니다. 존 스토트 목사님은 평생 독신으로 혼자 살았습니다. 평소에 남자 비서가 그를 도왔는데, 그날은 그가 직접 아래층까지 내려와 손님을 맞아 안내해 주었습니다.

그가 어떻게 사는지, 서재에는 어떤 책들이 꽂혀 있는지 궁금했습니다. 외투를 벗고 위층으로 올라갔습니다. 차 한 잔을 앞에 두고 이런저런 이야기를 나눴습니다. 저녁 식사 시간이 되자 우리를 주방으로 안내해 주었습니다.

그런데 이게 웬일입니까! 식탁에 놓인 것은 햄버거와 주스뿐이었습니다. 그것도 생과일주스가 아니라 분말 주스였습니다. 근사한 저녁 식사를 기대하고 왔는데, 좀 황당했습니다.

하지만 우리를 대접하는 목사님의 얼굴에는 미안해하는 구석이 전혀 없었습니다. 그저 많이 먹으라고만 했습니다. 식사를 간단히 마치고 난 우리는 긴 대화를 나눴습니다. 그 사실 하나만으로도 나는 존 스토트 목사님과의 만남을 참 좋은 저녁 시간으로 두고두고 기억할 수 있게 되었습니다. 그날, 맛난 음식보다 정다운 대화가 더 멋진 저녁 식사가 될 수 있다는 사실을 배웠습니다. 존 스토트 목사님의 거처에 가서야 배울 수 있는 교훈이었습니다.

세례자 요한의 제자들은 예수님이 사시는 곳을 보고 나서 적잖은 충격을 받은 듯합니다. 그들은 곧장 예수님의 제자가 되기로 결심합니다.

세상 사람들이 우리의 사는 모습을 보고 예수님을 발견하고 믿을 수 있어야 합니다. 나는 온누리교회를 걱정합니다. 다른 교회보다 비교적 사람도 많고, 시설도 좋은 편입니다. 그래서 더욱 조바심이 납니다. 사람들이 온누리교회에 와서 예수님을 보지 못하고, 이런 것들만 보면 어떡하나 하는 마음이 들기 때문입니다.

교회의 진정한 모습은 건물이나 프로그램이나 교인 수나 헌금 액수에 있지 않고, 사랑과 헌신과 비전에 있습니다. 성도들은 교회라는 공간에 들어오면 서로 격려하고 양보하고 축복하며 하나 되는 아름다운 모습을 보여야 합니다. 세상 사람들한테 자신 있게 우리 교회에 와 보라고 말할 수 있어야 합니다.

흔들리는 갈대 속에서 반석을 보시다

안드레에 이어 두 번째로 예수님의 부르심을 받았던 제자는 시몬 베드로입니다.

> 요한의 말을 듣고 예수를 따라간 두 사람 중 한 사람은 시몬 베드로의 동생 안드레였습니다. 안드레는 가장 먼저 자기 형 시몬을 찾아가 말했습니다. "우리가 메시아를 만났다."(메시아는 '그리스도'라는 뜻입니다.) 그리고 그는 시몬을 예수께 데려왔습니다. 예수께서 시몬을 보고 말씀하셨습니다. "너는 요한의 아들 시몬이구나. 이제 너는 게바라고 불릴 것이다."('게바'는 '베드로'라는 뜻입니다.)(요 1:40-42).

예수님의 거처를 보고 감동한 안드레가 가장 먼저 찾아간 사람은 자기 형제 베드로입니다. 여기서 우리는 가족 전도의 중요성을 배웁니다. 누구나 '부모, 형, 누나, 동생이 예수님을 믿고 구원을 받아 천국의 비밀을 아는 감격을 누릴 수 있다면, 얼마나 좋을까! 처가에 예수님을 전하면 그 좋은 실력과 경제력과 인력을 예수님께 돌릴 수 있을 텐데…' 하는 생각을 하기 마련입니다.

성경은 "형제가 함께 한마음으로 사는 것이 얼마나 선하고 얼마나 보기 좋은가!"(시 133:1)라고 말합니다. 온 가족이 예수님을 믿는 모습이 얼마나 아름답겠습니까? 그런 면에서 우리 가족은 복을 받았습니다. 형님이 목사이고, 누님은 목사 사모입니다. 내가 목사이고, 넷째 동생은 외국에서 살고 있는데 변호사 부인입니다. 다섯째가 선교사이고, 여섯째도 선교사입니다. 온 가족이 부름 받아 나선 몸이라 함께 모이면 얼마나 좋은지 모릅니다.

> 주 예수를 믿으시오. 그러면 당신과 당신의 집안이 구원을 받을 것입니다(행 16:31).

동생 안드레가 형 베드로에게 전도했는데, 나중에 동생보다 형이 더 큰 인물이 되었다는 사실을 간과할 수 없습니다. 자기 그릇이 크지 않다고 고민하지 마십시오. 내 그릇이 작으면, 바깥에서 큰 그릇을 데려오면 됩니다.

안드레에게 이끌려 온 베드로는 아무 말도 하지 않습니다. 오히려 예수님이 베드로를 보시고 "너는 요한의 아들 시몬이구나. 이제 너는 게바라고 불릴 것이다"라고 말씀하십니다. 안드레는 세례자 요한의 제자로서 잘 훈련된 사람이었지만, 베드로는 달랐습니다. 여기서 우리는 하나님이 다양한 배경을 가진 사람을 택하신다는 사실을 알 수 있습니다.

원래 "요한의 아들 시몬"은 우유부단하고 불같은 성격의 평범한 사람이었습니다. 그것이 시몬의 현주소였습니다. 하지만 예수님은 그가 가진 엄청난 잠재력을 보시고, 그의 이름을 바꿔 주셨습니다. 아람어 '게바'(헬라어로 베드로)는 '돌, 반석'이라는 뜻입니다. 예수님은 시몬 베드로가 반석 같은 사람, 순교하는 믿음의 거인으로 변화될 것을 아셨습니다.

예수님은 우리 미래를 보십니다. 지금은 준비된 것 없고, 별 볼일 없는 연약한 존재일 뿐이지만, 급한 성격에 모가 나서 쓸 만한 그릇이 못되어도, 부모를 원망하고 환경을 탓하며 자학하듯 열등감에 빠져 살아도, 자신의 잠재력을 보지 못한 채 미래의 창을 닫아 버려서는 안 됩니다. 예수님은 사람의 현재가 아닌 미래를 보시는 분이기 때문입니다.

예수님이 말씀하십니다. "나를 따르라. 사람을 낚는 어부가 되게 하리라. 네가 상상하지도 못한 충만한 삶을 살게 될 것이다. 민족을 변화시키는 축복의 삶을 살게 될 것이다"라고 말입니다.

그러므로 스스로 자신을 가두지 말고, 자기 자신을 가치 있는 사람이라고 생각해야 합니다. 예수님은 흔들리는 갈대와 같은 시몬에게 장차 반석 같은 인물이 될 테니 그의 이름 위에 교회를 세우시겠다고 말씀하셨습니다.

믿음에는 나이가 문제 되지 않습니다. 아브라함은 75세에 믿음생활을 시작했습니다. 믿음은 건강 문제도 아닙니다. 나 같이 건강하지 못한 사람도 사역하고 있지 않습니까? 하나님의 일은 나이와 건강과 경제력으로 하는 것이 아니라 믿음으로 하는 것입니다.

하나님은 성도의 미래를 보고 일하십니다. 누구나 예수님의 제자가 될 수 있습니다. 하나님 안에 있으면 누구든 위대한 일을 할 수 있습니다. 말씀에 순종하고, 쉬지 않고 기도한다면 말입니다. 만일 진정으로 예수님의 제자가 되기를 원한다면, 어느새 자신도 모르는 사이에 인생관과 가치관과 세계관이 변하여 새로운 삶을 살고 있는 자신을 발견하게 될 것입니다.

9

마음을 꿰뚫어 보시니
내가 변합니다

요한복음 1:43-51

교인인가 제자인가

무엇인가를 선택한다는 것은 다른 어떤 것을 버리거나 포기해야 함을 의미합니다. 예수님은 많은 무리보다 열두 명이라는 소수에 관심을 두고 그들을 제자로 삼으셨습니다. 그리고 자신의 전부를 투자해 제자들을 가르치셨습니다.

예수님의 생애를 살펴보면, 재미있는 사실을 하나 발견합니다. 30년 동안 준비하시고, 3년간 일하셨다는 사실입니다. 10분의 1을 위해 10의 9를 준비하는 십일조의 삶을 보여 주셨습니다. 또 3년 공생애를 살펴보면, 군중과 함께하기보다는 소수의 사람과 함께하는 것을 더 즐기신 것을 알 수 있습니다. 그리고 제자들을 훈련하실 때, 강의식 교육보다 공동체를 통해 생활 중심으로 교육하신 점도 특이합니다.

앞에서 우리는 예수님이 안드레와 베드로를 제자로 삼으신 과정을 살펴봤습니다. 이제 빌립과 나다나엘을 제자로 부르시는 것을 볼 것입니다. 이 네 명의 제자를 분석해 보면, 아주 재미있습니다. 예수님이 그들을 부르시고, 만나시는 모습이 제각기 다르기 때문입니다.

안드레는 스승인 세례자 요한이 그를 예수님께로 인도한 것이나 다름없습니다. 베드로는 예수님의 거처를 보고 감동한 동생 안드레에게서 예수님을 소개받았습니다. 스승이 제자를 전도하고, 형제가 가족을 전도한 것입니다.

예수님이 안드레를 부르실 때 초청 메시지는 한 마디로 "와서 보라"였습니다. 곰곰이 생각해 보면, 이 말에 강한 설득력이 있고, 의미심장한 뜻이 담겨 있습니다. 어떻게 보면, "와서 보라"는 말이 전도의 전부일지도 모릅니다. 전도는 말로 설명하는 것이 아니라 자신 있게 실체를 보여 주는 것이라는 뜻입니다.

참된 부르심에는 참된 응답이 있습니다. 10년 전에 부르심을 받고도 아직 뜸들이고 있는 사람이 있습니다. 또한 양심의 가책을 받고 괴로워하면서도 선뜻 행동으로 옮기지 못하는 사람도 있습니다. 그러나 성도는 하나님의 부르심에 곧바로 응답해야 합니다. "아멘!" 하고 즉시 행동으로 옮겨야 합니다.

성도는 두 종류가 있습니다. 하나는 교회에 나와 예배드리는 '교인'이고, 다른 하나는 주님의 부르심에 즉각 응답하는 '제자'입니다. 교인과 제자는 근본적으로 다르며, 삶 자체가 다릅니다. 일반적으로 교인은 주일에 교회 한 번 나오는 것으로 예수님을 믿는다고 자부하며 세상과 적당히 타협하면서 살아갑니다. 하지만 제자는 언제 어디서나 모든 면에서 예수 그리스도로 가득 찬 삶을 살아갑니다.

그 이름을 기억하시다

빌립은 누구에게 전도 받지 않고, 예수님께 친히 부름 받았습니다.

> 다음날 예수께서 갈릴리로 떠나시려다 빌립을 만나 말씀하셨습니다. "나를 따르라"(요 1:43).

예수님이 다분히 의도적으로 빌립을 친히 부르신 것을 알 수 있습니다. 이 말씀은 두 가지로 해석할 수 있습니다. 하나는 예수님이 빌립을 만나기 위해 갈릴리로 가셨다고 보는 것이고, 다른 하나는 예수님이 갈릴리로 가는 도중에 우연히 빌립을 만나셨다고 보는 것입니다. 어떤 해석이든 결론은 하나인데, 예수님이 의도적으로 빌립을 부르셨다는 것입니다.

예수님이 우리를 의도적으로 부르실 때가 있습니다. 친히 찾아오셔서 따르라고 초청하시기도 합니다. 그러나 주님의 초청을 받고 가는 길은 좁고 험난한 십자가의 길임을 명심해야 합니다.

세상에서 잘못된 길을 선택해 젊음을 허비하고, 인생을 망가뜨린 채 살아가는 사람이 많습니다. 이데올로기의 노예가 되어 투쟁으로 젊음을 보내고, 평생 방황하는 사람이 있는가 하면, 잘못된 사상을 진리로 착각하고 자신의 젊음을 모두 바쳐 투쟁가가 되거나, 심지어 분신자살하는 사람도 있습니다. 거짓 종교의 노예가 되어 패가망신하는 사람도 있습니다.

그런데 예수님의 부르심은 그에 비하면 소박합니다. "와서 나를 따르라. 내가 너희를 사람 낚는 어부로 삼을 것이다"(마 4:19), "누구든지 나를 따르려거든 자기를 부인하고 자기 십자가를 지고 따라야 한다"(마 16:24). 이것이 예수님의 초청 메시지입니다.

예수님의 초청에 응하지 않고 마음대로 살더라도 결코 만족한 삶을 살지는 못할 것입니다. 잘살아 보려고 새벽부터 늦은 밤까지 죽도록 일하는 사람이 많지만, 남는 것은 피곤과 허무뿐입니다. 원하는 대로 산다고 말하지만, 고독과 외로움과 허무함이 밀려드는 것은 어쩔 수 없습니다.

빌립은 안드레와 베드로처럼 벳새다 마을 출신이었습니다(요 1:44). 세 사람이 한동네에 살았으니 자주 만났을 것입니다. 예수님을 만난 안드레가 신이 나서 빌립에게 메시아를 만났다고 말했을 것입니다. 아마도 예수님의 눈은 깊은 호수와도 같고, 그 미소는 말로 설명할 수 없이 인자해서 그분 앞에 가면 어쩐지 마음이 편안해진다고 말해 주었을 겁니다. 베드로는 예수님을 만난 일을 더 장황하게 설명했을지도 모릅니다.

빌립은 동네 친구들의 이야기를 듣고 부러워하며 자신도 그분을 꼭 만나고 싶다고 말했을 것입니다. 친구들이 모든 것을 포기하고 그분을 따라다니는데, 도대체 어떤 분인지 궁금해지고, 알게 모르게 사모하는 마음이 생겨났을 겁니다. 주님을 사모하고 그리워하면, 주님은 반드시 만나 주십니다.

아마 안드레와 베드로는 기회가 있을 때마다 예수님께 자기 동네에 빌립이라는 아주 좋은 친구가 있다고 자랑했을 것입니다. 그래서인지 예수님은 갈릴리로 가시다가 빌립을 보고 따르라고 말씀하셨습니다. 그렇지 않고서야 아무 연관도 없는 빌립을 보자마자 부르신 이유를 달리 설명할 길이 없습니다.

우리가 기도하는 대상이 오래도록 예수님을 믿지 않고 있더라도, 실망하지 않고 예수님께 계속 이름을 올려드린다면, 언젠가는 그 이름을 기억하여 불러 주실 것입니다. 그러므로 누군가를 위해 계속 중보하며 기도하는 것이 매우 중요합니다.

아무도 모르는 나를 보시다

안드레가 베드로에게 예수님을 소개했듯이, 빌립도 나다나엘을 찾아가 예수님을 소개합니다. 이는 하나님을 만난 사람들이 보이는 공통된 특징입니다.

빌립이 나다나엘에게 "모세가 율법에 기록했고 예언자들도 기록했던 그분"(요 1:45)을 만났다고 분명하게 말합니다. 이것은 '그분'에 관해 듣고 이해하며 깨달은 것과는 차원이 다릅니다. '예수님의 제자'란 그분을 직접 만나고 체험한 사람을 말합니다. 그뿐 아니라 예수님의 이름을 전하고, 그분을 위해 죽을 각오가 되어 있는 사람을 말합니다. 예수님을 모르면서 어떻게 제자가 될 수 있겠습니까? 제자가 되려면 예수님을 만나야 합니다.

빌립은 자신이 만난 예수님에 관해 세 가지를 강조합니다. 예수님은 첫째, 모세가 율법(모세오경)에 기록한 그분입니다. 둘째, 예언자들(열두 명의 선지자)이 기록했던 그분입니다. 셋째, 요셉의 아들로 나사렛에 사시는 분입니다.

그렇다면 빌립이 예수님께 소개한 나다나엘은 어떤 사람이었을까요?

> 나다나엘이 물었습니다. "나사렛에서 무슨 선한 것이 나오겠는가?" 빌립이 말했습니다. "와서 보시오!"(요 1:46).

나다나엘의 냉소적인 반응을 보면, 예수님께 소개할 만한 인물은 아닌 것 같습니다. 진리에 대한 편견이 있으며, 자기 생각을 고집하는 사람임을 알 수 있습니다. 빌립이 나다나엘에게 예수님을 소개한 이유가 궁금해지기도 합니다.

나다나엘은 어떤 일이든지 확인되지 않으면 믿지 않으려는 유형의 사람입니다. 이런 유형은 설득하기가 무척 어렵습니다. 성격상 문제가 있기는 하지만 그의 내면은 굉장히 착하고 순수하며 간사함이 없습니다. 이는 예수님의 말씀을 통해 알 수 있습니다.

우리는 종종 주변에서 나다나엘과 같은 유형의 사람들을 보게됩니다. 법 없이도 살 만큼 선한 양심을 지닌, 인간적으로 좋은 사람이 이상하게도 예수님과 교회에 관해서는 비판적이고 냉소적인 경우가 있습니다. 그들은 자기 직업에 충실하며 존경을 받습니다. 또한 하나님을 인정하고 믿기도 하지만 예수님은 믿지 않는 사람이 있는가 하면, 예수님을 인정하면서도 교회는 다니지 않는 사람도 있습니다. 다시 말해, 예수님을 인정하지만 믿기는 싫다는 것입니다.

그리고 절대적인 신앙에 혐오감을 나타내는 사람도 있습니다. 그들은 종교란 모름지기 포용력이 있어 상대적이어야 하는데, 왜 기독교는 타 종교와 타협할 줄 모르고 독불장군처럼 자기만 절대 진리라고 주장하느냐고 따집니다. 다원주의적 입장에서 아주 너그럽게 생각하는 사람입니다. 얼핏 선하게 사는 매력적인 인물로 보일 수 있습니다. 바로 이런 사람들이 '나다나엘 족속'입니다.

그런데 놀랍게도 예수님은 순수하고 착하지만 비판적이고 냉소적이며 부정적인 반응을 보인 나다나엘을 용납해 주십니다. 예수님은 사람의 편협한 기질을 문제 삼지 않으십니다. 오히려 그를 보고, "여기 참 이스라엘 사람이 있다. 이 사람에게는 거짓된 것이 없다"(요 1:47)라고 말씀하십니다.

그의 안에 간사함이 없음을 아시는 예수님의 통찰력이 놀랍습니다. 예수님은 사람의 거친 입과 험한 행동을 보지 않으십니다. 겉으로 드러나는 모습은 그가 입은 마음의 상처 탓일 뿐이기 때문입니다. 예수님은 마음속 깊은 곳에서 하나님을 사랑하고, 진실하게 살고자 노력하는 모습을 보십니다. 예수님은 현재의 나다나엘이 아닌 미래의 나다나엘을 보셨습니다. 그의 겉모습이 아닌 마음의 중심을 보신 것입니다.

혹시 주위에 나다나엘 같은 사람이 있다면, 포기하지 말고 전도해야 합니다. 다만 그 사람의 말이나 행동 때문에 시험에 들지 않도록 주의해야 합니다. 예수님은 "나사렛에서 무슨 선한 것이 나오겠는가"라는 나다나엘의 말에 거슬려 하지 않으십니다. 오히려 그의 안에 있는 순수하고 진실한 면을 보십니다. 그리고 축복하고 격려해 주십니다.

나다나엘이 "어떻게 저를 아십니까?" 하고 묻자 예수님이 대답하십니다.

> 빌립이 너를 부르기 전 네가 무화과나무 아래 있을 때에 내가 보았다(요 1:48).

그는 예수님이 자기를 보고 계셨다는 사실에 적잖은 충격을 받았습니다. 예수님은 그가 겉으로 말하는 것과는 달리 정직하고 진실하게 살고 싶어 하는 마음을 지녔다는 것을 안다고 말씀하신 것입니다.

나는 개인적으로 "마음은 간절한데 육신이 약하구나"(마 26:41; 막 14:38)라는 말씀은 조심스럽게 인용해야 한다고 생각합니다. 우리 마음은 원하지 않는데, 예수님이 치켜세워 주시는 것만 같기 때문입니다. 우리 마음은 시커멓고 형편없는데, 예수님이 좋게 봐 주시고, 이해해 주신 것 같아서입니다.

세상에는 고약한 사람이 많습니다. 그들은 상대가 작은 실수라도 하면 침소봉대하여 "너는 혈통이 나빠. 근본이 잘못됐어"라고 말해 버립니다. 그러나 예수님은 우리가 실수를 얼마나 잘 저지르는지 상관없이 우리를 믿어 주십니다. 지금은 부족하고 연약해 실수가 많은 존재이지만, 장차 새사람으로 변화될 것을 아십니다. 이것이 예수님이 사람들을 불러 제자로 선택하시는 모습이자 원리입니다.

우리는 세상 사람에게 전도할 때 그들이 예수님과 교회를 비판하더라도, 절대로 그들과 논쟁을 벌이지 말아야 합니다. 오히려 그들을 축복하고 붙잡아 주어야 합니다. 그리고 그들을 예수님께로 인도하는 것을 끝까지 포기하지 말아야 합니다. 그들이 안드레가 되고, 베드로가 되고, 빌립이 되고, 나다나엘이 될 것이기 때문입니다.

예수님을 믿고 변화되어야만 장차 지금과 전혀 다른 모습으로 살 수 있습니다. 다른 삶을 살게 되기까지 그 과정이 녹록지 않습니다. 예수님은 굉장한 대가를 치르면서도 제자들을 끝까지 붙잡고 훈련시키셨습니다. 그런데도 그들은 십자가를 보고, 부활을 보고서도 변하지 않았습니다. 예수님이 승천하시고, 보내 주신 성령을 받고 나서야 크게 변화될 수 있었습니다.

나다나엘이 "랍비여, 당신은 하나님의 아들이시며 이스라엘의 왕이십니다"(요 1:49)라고 고백합니다. 전도했더니 상대방이 나다나엘처럼 고백한다면 얼마나 좋겠습니까! 예수님은 그 속에 간사함이 없는 나다나엘을 축복하며 이렇게 말씀해 주십니다.

내가 무화과나무 아래 있던 너를 보았다고 해서 믿느냐? 이제 그보다 더 큰 일도 보게 될 것이다. … 내가 진실로 진실로 너희에게 말한다. 너희는 하늘이 열리고 하나님의 천사들이 인자 위에서 오르락내리락하는 것을 보게 될 것이다(요 1:50-51).

할렐루야, 우리에게 이보다 더 큰 일이 일어날 줄을 믿습니다. 기도하는 것보다, 헌신하는 것보다 더 큰 일이 일어날 줄을 믿습니다. 믿음을 갖고 기다리면, 분명히 이보다 더 큰 일을 보게 될 것입니다.

2부

나를 위해 예비하신 기적

요한복음 2:1-25

우리가 예수님을 믿고 신앙생활을 하면서도 삶에 능력이 없는 것은
신앙을 체험적으로 경험하지 못했기 때문입니다.
믿음의 실제를 만나고 죄가 떠나가고
귀신이 물러가는 기적을 체험하면 능력이 생깁니다.
이는 세상을 변화시키고 죽음까지도 초월하는 힘이 됩니다.
어떤 위기와 고난이 닥쳐도 승리할 수 있는 능력은
바로 다시 태어남의 비밀에 있습니다.

10

작아서 더 큰
은혜를 경험합니다

요한복음 2:1-11(1)

동기가 순수하면 간단명료해진다

요한복음은 예수님이 행하신 많은 기적 중에 특별히 일곱 개를 선택해 소개합니다. 그 첫 번째 기적이 바로 가나의 결혼식에서 물을 포도주로 바꾸신 사건입니다. 이것은 아주 작고 소박하면서도 동시에 감동적인 사건이었습니다.

나는 개인적으로 이 사건에 깊은 감동을 받았습니다. 기적의 현장에서 매우 따스한 느낌을 받기 때문입니다. 예수님이 기적을 베푸실 때, 별다른 의도가 없으셨다는 점이 신선하면서도 적잖은 충격이었습니다.

2장 첫머리에 "3일째 되던 날"이라고 기록되어 있습니다. 아마 예수님이 열두 제자를 택하시고 사흘째 되던 날을 가리키는 것 같습니다. 예수님이 갈릴리 가나 마을에 가셨습니다.

가나는 나사렛에서 그리 멀지 않은 곳에 있는 작은 마을입니다. 요즘도 성지 순례를 할 때, 많은 사람이 물로 포도주를 만든 기적의 현장을 본다는 기대감에 이곳을 찾습니다. 하지만 초라한 모습에 실망감을 안은 채 포도주 한 잔씩을 마시고 돌아온다고 합니다. 그런 아담하고 한적한 동네에서 결혼식이 있었습니다.

3일째 되던 날, 갈릴리 가나에서 결혼식이 있었습니다. 예수의 어머니도 그곳에 계셨고 예수와 제자들도 그 결혼식에 초대받았습니다 (요 2:1-2).

아마도 예수님과 친인척 관계에 있거나 제자들 중에 한 사람과 관계된 집안의 결혼식이었을 것으로 추측됩니다. 학자들은 아버지 요셉에 관한 언급이 없다는 점을 들어서 그가 이미 죽었을 것이라고 주장합니다.

윌리엄 바클레이(William Barclay)에 따르면, 요한복음의 저자인 사도 요한의 결혼식이었을 것이라고 합니다. 왜냐하면 결혼식을 목격하지 않으면 도저히 기술할 수 없을 정도로 자세하고도 생동감 있게 표현하고 있기 때문입니다.

예수님의 첫 번째 기적이 가나의 결혼식에서 일어난 것은 우리에게 많은 깨달음을 줍니다. 기적은 대개 많은 사람이 모인 화려한 무대에서 일어날 것만 같습니다. 그런데 예수님의 기적은 전혀 그렇지 않았습니다. 예수님은 그때그때 필요에 따라 상황에 맞게 기적을 베푸셨습니다. 그래서 가나의 결혼식 기적에 더욱 감동하는지도 모릅니다.

우리 마음에 이런 유혹이 들 때가 있습니다. 예수님이 구름처럼 많은 무리가 모인 곳에서 보란 듯이 큰 기적을 일으키시면 모든 문제가 단번에 해결될 텐데 하고 말입니다. 하지만 예수님은 하나님의 일을 그런 식으로 하지 않으십니다.

예수님이 가나의 결혼식에서 기적을 베푸신 동기가 매우 재미 있습니다.

> 그런데 포도주가 다 떨어지자 예수의 어머니는 예수께 와서 "포도 주가 다 떨어졌구나"라고 말해 주었습니다(요 2:3).

이유는 간단합니다. 포도주가 떨어졌기 때문입니다. 메시아임을 증명하기 위해서나, 모든 사람에게 감동을 주기 위해서가 아닙니다. 마찬가지로, 우리가 구제해야 하는 이유도 간단합니다. 굶주린 사람이 있기 때문입니다. 치료해야 하는 이유도 병든 사람이 있기 때문입니다. 전도해야 하는 이유는 하나님이 잃어버린 영혼을 찾으시기 때문입니다. 선교사가 외국으로 나가는 이유는 누구라도 그곳에 가서 복음을 전해야 하기 때문입니다.

이처럼 무슨 일을 하든지 목적이 간단명료해야 합니다. 일할 때, 복선을 깔지 말고 뒤에서 조종하려고 하지 말아야 합니다. 배고픈 사람에게는 먹을 것을 주고, 병든 사람은 치료해 주고, 외로운 사람은 위로해 주는 것이 예수님의 마음입니다.

우리는 이따금 형식화되고 제도화된 현실에서 신앙의 현주소를 찾으려고 애쓸 때가 있습니다. 이는 매우 어리석은 일입니다. 모든 면에서 동기가 순수해야 의사가 쉽게 전달되고, 선한 영향력을 미칠 수 있습니다.

예수님이 첫 번째 기적을 일으키시는 데 어머니 마리아가 중요한 역할을 합니다. 우리는 마리아에게서 두 가지 점을 배울 수 있습니다. 첫째, 섬세한 영적 감각입니다. 결혼식에 초대받은 사람들은 흥겨운 분위기에 들떠 있었습니다. 먹고 마시며 즐기느라 아무도 포도주가 떨어진 사실을 알지 못했습니다. 그런데 마리아는 알았습니다. 자칫하면 결혼식의 흥이 깨질지도 모른다는 위기감을 느꼈습니다.

어머니는 영적 감각을 갖고 자녀들을 세심하게 배려해야 합니다. 자녀의 문제가 무엇이고, 그 해결책이 무엇인지 알아야 합니다.

둘째, 마리아는 포도주가 떨어진 것을 알았지만, 예수님께만 조용히 전했습니다. 대부분은 잔칫집에 포도주가 떨어진 것을 알면 이 사람 저 사람에게 그 사실을 알림으로써 더 문제를 불러일으킵니다. 그런데 마리아는 신랑 신부에게도 말하지 않고, 예수님께 직접 "포도주가 다 떨어졌구나"라고 말합니다. "포도주가 떨어졌으니 더 만들어 달라"고 하지 않았습니다. 얼마나 지혜로운 믿음입니까!

자신이 할 수 있는 일과 할 수 없는 일을 구분하는 것이 지혜입니다. 자신이 할 수 없는데도 큰소리치는 것은 오만입니다. 그리고 충분히 할 수 있는데도 못한다고 발뺌하는 것은 비굴한 겸손입니다. 마리아는 포도주가 떨어진 문제는 자신이 해결할 수 없음을 알았습니다.

자기가 해결할 수 있는 일은 조용히 하면 됩니다. 그러나 할 수 없는 일에 대해 부끄러워하거나 숨길 필요도 없습니다. 돈이 없는 것은 죄가 아닙니다. 몸이 아픈 것도 죄가 아닙니다. 사업에 실패한 것도 죄가 아닙니다. 해결할 수 없는 문제를 예수님께 털어놓아야 오히려 축복이 됩니다. 기도는 자신이 할 수 없는 일을 인정하고, 그 문제를 주님 앞에 가져가 사실대로 말하는 것입니다.

기적은 하나님과의 관계 문제다

포도주가 떨어졌다는 어머니 마리아의 말을 들은 예수님이 "어머니, 그것이 나와 당신에게 무슨 관계가 있다고 그러십니까? 아직 내 때가 이르지 않았습니다"(요 2:4)라고 말씀하십니다. 다소 썰렁한 반응이 섭섭하게 들릴 수도 있습니다. 언뜻 들으면 예수님이 거절하시는 것처럼 보여 사람들이 상처받기에 딱 좋습니다.

우리도 종종 그런 일을 겪습니다. 위급한 일이 생겨 하나님께 매달려 눈물로 기도했지만 아무 응답도 받지 못할 때가 있습니다. 그러면 하나님께 상처받았다고 말합니다. 왜 내 기도에 응답하지 않으시고, 나쁜 결과를 보게 하시느냐고 원망합니다.

그런데 요한복음 2장 4-5절을 중심으로 앞뒤 말씀을 연결해 살펴보면, 굉장한 의미를 깨닫습니다. 예수님이 이런 반응을 보이신 이유를 알 수 있기 때문입니다.

마태복음 15장 21절 이하에 이와 비슷한 사건이 기록되어 있습니다. 예수님이 두로와 시돈 지방으로 들어가시자 가나안 여인이 귀신 들린 딸을 데리고 와서 고쳐 달라고 외칩니다. 그런데도 예수님이 침묵하시자 보다 못한 제자들이 거들고 나섭니다. 그러자 예수님이 "나는 이스라엘 집의 잃어버린 양들 외에는 보냄을 받지 않았다"고 말씀하며 거절하십니다. 여인은 오히려 더 가까이 나아와 절하면서 "주여, 나를 도와주십시오"라고 간청합니다.

결국, 예수님이 듣기에 거북한 말씀을 하십니다. "자녀들의 빵을 가져다 개들에게 던져 주는 것은 옳지 않다." 그러자 여인은 "그렇습니다, 주여. 하지만 개들도 주인의 상에서 떨어지는 부스러기는 먹습니다"라고 지혜롭게 대답합니다(마 15:24-27). 스스로 낮춰 자신을 개로 인정한 것입니다.

그때 예수님이 그 여인의 믿음이 크다고 하시며 그 믿음대로 되리라고 말씀하십니다. 바로 그 순간에 딸이 고침을 받습니다. 여기서 우리가 깨닫는 것은 예수님이 가나안 여인을 골탕 먹이려고 일부러 그런 말씀을 하신 게 아니라 의도가 있으셨다는 사실입니다.

바로 믿음의 문제입니다. 여인이 예수님께 나아와 딸의 문제를 해결해 주실 것을 요청했지만, 그녀에게는 믿음이 없었습니다. 자기 상황이 위급하니까 찾아온 것이지 하나님을 신뢰하는 것은 아님을 아신 것입니다.

예수님이 그녀를 위해 기적을 베푸시는 것은 간단한 일입니다. 하지만 예수님은 어떤 경우에도 기적을 허투루 베푸신 적이 없습니다. 눈먼 사람, 걷지 못하게 된 사람, 중풍 환자, 가나안 여인, 백부장 등 그 사람의 믿음을 보신 후에야 그들 믿음대로 기적을 베풀어 주십니다. 여기서 우리는 기적과 믿음이 상관관계가 있음을 깨닫습니다.

즉 하나님과의 개인적인 관계, 믿음이 있느냐는 것입니다. 어머니 마리아가 포도주가 떨어졌다고 말하는데, 과연 예수님이 포도주를 만드실 것을 믿느냐는 것입니다. 예수님은 마리아의 믿음을 먼저 확인하십니다. 아직 내 때가 이르지 않았다는 말씀은 예수님이 생각하는 때와 마리아가 생각하는 때가 다르다는 뜻입니다. 곧 하나님이 행하시는 때가 따로 있다는 의미입니다.

예수님이 잔칫집에 포도주가 떨어진 사실에 관심이 없어 보이시는 게 문제가 아닙니다. 오히려 문제는 우리에게 있습니다. 때로 우리는 예수님이 좀 바뀌셨으면 하고 바랍니다. 예수님도 잘못한 부분은 회개하셔야 한다고 판단합니다. 급한 일을 당해서 찾아왔는데, 예수님이 그러시면 되겠느냐고 섭섭해 합니다. 하나님께 나아갈 때, 시험에 드는 이유가 바로 이런 마음가짐 때문입니다. 우리는 병에 걸리면 고쳐 달라고 생떼를 씁니다. 하지만 정작 하나님이 중요하게 여기시는 문제는 "나와 너의 관계가 무엇이냐" 하는 점입니다. 기적은 내용이 아니라 하나님과의 관계 문제입니다.

순종이 핵심이다

탁월한 영적 감각을 지닌 마리아는 예수님이 말씀하신 의미를 금세 알아차립니다. 보통 사람 같았으면 예수님의 말씀에 상처받고 화를 냈을 것입니다. 그러나 마리아는 하인들에게 주님이 뭐라고 하시든지 그대로 하라고 지시합니다. 문제의 핵심을 파악한 것입니다.

우리가 인생을 살면서 오랫동안 방황하는 이유는 문제의 핵심을 파악하지 못하기 때문입니다. 인생에서 가장 중요한 것은 하나님과 개인적인 관계를 맺는 일입니다. 그런데 인간은 하나님과의 신실한 관계는 젖혀 두고, 자신의 문제만을 해결해 달라고 요구하는 자세로 일관합니다.

하나님이 하시는 일을 제대로 이해하지 못할 때가 많습니다. 예를 들면, 하나님이 노아에게 산꼭대기에 방주를 지으라고 명령하셨는데, 이는 인간의 상식과 경험에는 도저히 맞지 않는 것이었습니다. 바닷가에서 배를 짓는다면야 이해되지만, 산꼭대기에서 방주를 짓다니 얼토당토않은 말입니다. 이처럼 하나님의 말씀을 듣고 곧바로 순종하기란 어려운 일입니다. 그런데 노아는 하나님께 순종했습니다. 하나님이 명령하신 대로 따라야 믿음이 기적을 낳습니다.

또한 하나님이 모세에게는 자기 백성을 애굽에서 이끌고 나와 약속의 땅으로 가라고 지시하셨습니다. 그것도 40년 동안 광야를

헤맨 뒤에 말입니다. 그러나 모세는 하나님 말씀에 무조건 순종했습니다. 이것이 믿음이고 기적입니다. 믿음이 없으면, 기적도 없습니다. 하나님은 각자의 믿음을 보고, 기적을 베푸십니다.

정말 우리는 하나님을 신뢰하고 있을까요? 자신이 원하고 목표하던 바가 이뤄지지 않더라도 하나님과 깊은 관계를 유지할 수 있을까요?

아브라함은 75세에 하나님께 자녀를 약속 받았습니다. 그런데 100세가 되도록 아무 소식이 없었습니다. 하나님은 사라에게서 아기를 낳을 능력이 완전히 소멸하기까지 기다리셨습니다. 그렇지 않으면 자기 힘으로 아기를 낳았다고 여길지 모르기 때문입니다. 인간적으로 능력이 바닥났을 때, 하나님이 아브라함과 사라에게 이삭을 주셨습니다.

인간은 하나님이 주신 것을 모두 자기 소유로 우깁니다. 상황이 위급해지면 하나님이 주셨다고 했다가, 문제가 해결되면 곧 원래 자기 것이라고 주장합니다. 하나님께 감사하지도 않고, 영광을 돌리지도 않으며 하나님의 주권을 일방적으로 무시해 버립니다. 모두 하나님과 개인적인 관계가 형성되어 있지 않아서 벌어지는 일들입니다.

예수님은 하인들에게 항아리에 있는 물을 떠다가 손님들에게 갖다주라고 말씀하십니다. 그런데 과연 하인들은 맹물을 떠다가 손님들에게 갖다줄 용기가 있었을까요? 바로 여기에 믿음과 기적의 축복이 있습니다. 하나님과 개인적으로 관계 맺는 것과 그분의 때를 이해하는 영적 감각이 중요합니다. 그것이 우리 내면에 회복된다면, 하나님이 기적을 일으키시는 데 그리 많은 시간이 필요하지 않을 것입니다.

마리아가 하인들에게 한 "무엇이든 그가 시키는 대로 하라"(요 2:5)는 말에 귀를 기울여야 합니다. 그 말대로 순종하면, 우리 삶에 변화가 일어날 뿐만 아니라 물이 포도주로 변하는 축제의 삶을 즐길 수 있습니다.

11

넘치도록
가득 채우겠습니다

요한복음 2:1-11(2)

순수한 믿음이 기적을 일으킨다

예수님이 "그것이 나와 당신에게 무슨 관계가 있다고 그러십니까? 아직 내 때가 이르지 않았습니다"(요 2:4)라고 말씀하실 때, 마리아는 섭섭해 하거나 노여워하지 않았습니다. 이미 예수님의 뜻을 읽고, 오히려 얼굴에 미소를 띤 채로 '거절'이 아닌 '승낙'으로 받아들였을 것입니다. 마리아는 예수님이 믿음을 요구하신다는 사실을 깨달았기에 더는 언급하지 않고, 하인들에게 시선을 돌려, 그들에게 말합니다. "무엇이든 그가 시키는 대로 하라"(요 2:5).

여기서 우리는 예수님이 기적을 베푸실 때 적용하는 중요한 원리 하나를 발견합니다. 바로 우리 믿음을 통해 기적을 일으키신다는 것입니다. 그래서 예수님이 기적을 베푸실 때마다 "너희 믿음대로 되라"(마 9:29). "'하실 수 있다면'이 무슨 말이냐? 믿는 사람에게는 모든 일이 가능하다"(막 9:23)라고 말씀하신 것을 알 수 있습니다.

그러므로 "믿음은 바라는 것들의 실체며 보지 못하는 것들의 증거"(히 11:1)이며 "믿음이 없이는 하나님을 기쁘게 할 수"(히 11:6) 없다는 사실을 꼭 기억해야 합니다. 예수님의 능력이 부족하여 기적을 베풀지 않으시는 것이 아니라 우리에게 믿음이 없어서 기적이 일어나지 않는 것입니다. 하나님은 말씀으로 기적을 베푸시니 늘 말씀을 가까이하며 말씀대로 행해야 합니다. 이런 의미에서 신앙은 해석이라고 할 수 있습니다. 주님의 뜻을 잘만 해석한다면, 인생이 즐겁게 바뀔 것입니다.

> 가까운 곳에 돌항아리 여섯 개가 놓여 있었습니다. 그것은 유대 사람들의 정결 예식에 쓰이는 것으로써 각각 물 2-3메트레테스 들어가는 크기의 항아리였습니다. 예수께서 하인들에게 말씀하셨습니다. "저 항아리들에 물을 채우라." 그래서 그들은 항아리마다 물을 넘치도록 가득 채웠습니다(요 2:6-7).

기적이 일어나기 위해서는 재료가 필요합니다. 예수님은 허공에 대고 "포도주야 나와라" 하고 명령하지 않으셨습니다. 그런 것은 마술사들이 눈속임으로 하는 짓입니다. 예수님은 잔칫집에 돌항아리 여섯 개가 놓인 것을 보고, 그것을 이용해 기적을 베푸십니다.

예수님은 들에 핀 백합화와 공중에 나는 새를 보고, 설교 예화로 삼으셨고, 무리가 굶주렸을 때, 한 어린아이가 가져온 보리빵 다섯 개와 물고기 두 마리를 이용해 오천 명을 배불리 먹이셨습니다.

엘리사는 가난한 과부가 주렸을 때 빈 기름병을 가져오라고 했습니다. 곧 헌금을 가리킵니다. 우리는 믿음으로 헌금을 드리지만, 하나님은 그 헌금을 사용해서 세계 선교의 엄청난 역사를 이루십니다. 우리가 작은 은사를 바치면, 하나님은 그것을 축복의 그릇으로 삼으십니다.

예수님이 돌항아리에 물을 채우라고 말씀하시자 지혜로운 하인들이 군말 없이 물을 채우되 항아리가 넘치도록 가득 채웁니다. 우리는 작은 봉사를 하면서도 말을 너무 많이 하는 경향이 있습니다. 자신이 하는 봉사가 소중한 나머지 캐묻고 따져 들곤 합니다.

그런데 잔칫집의 하인들은 이것저것 따져 묻지 않고, 예수님이 시키시는 대로 항아리에 물을 가득 채웁니다. 항아리가 넘치도록 물을 가득 채우는 하인들의 순수한 믿음이 기적을 일으키기에 충분했습니다.

이 말씀을 묵상할 때마다 큰 감동이 밀려옵니다. 요즘 세상이 너무나 삭막하기 때문입니다. 너도나도 손해 보지 않으려고 계산하고 따지는 행동에 소름이 돋을 정도입니다. 모두 한순간의 여유도 없이 살벌하게 살아가고 있습니다.

만약 오늘날 예수님이 오셔서 항아리에 물을 채우라고 하신다면, 사람들은 세 무리로 나뉠 것입니다. 첫째, 적당히 물을 채우는 사람입니다. 바닥에 조금 찰랑거릴 정도로 채우거나 중간쯤 채우고 맙니다. 남들 눈에 좋게 보일 정도로만 일합니다. 이런 사람에게는 기적도 적당히 일어납니다. 둘째, 물을 채우는 척하면서 일하지 않는 사람입니다. 물통을 들고 부산을 떨지만, 소리만 요란할 뿐입니다. 혼자 모든 일을 하는 것처럼 보이지만, 남는 것은 아무것도 없습니다. 이런 사람에게는 기적도 일어나지 않습니다. 셋째,

조용히 물을 가득 채우는 사람입니다. 이런 사람은 충만한 믿음의 소유자로 주님의 크신 기적을 보게 됩니다.

작은 순종이 쌓여 큰 기적을 이룬다

잔칫집 하인들이 보인 믿음의 단계를 살펴보면 재미있습니다.

> "이제 물을 떠서 잔치 책임자에게 갖다 주라." 그들은 그렇게 했습니다(요 2:8).

첫째, 예수님이 항아리에 물을 채우라고 하시자 그들은 돌항아리가 넘치도록 가득 채우는 믿음을 보여 줍니다. 둘째, 물을 떠서 잔치 책임자에게 갖다주라고 하실 때도 전혀 갈등하지 않고 그대로 따랐습니다.

이 믿음의 두 단계를 좀 더 심도 있게 분석해 볼 필요가 있습니다. 예수님이 돌항아리에 물을 채우라고 하셨을 때, 그들은 별로 갈등하지 않았을 것입니다. 항아리에 물을 채우는 것은 상식적으로 이의가 없기 때문입니다. 그런데 예수님이 돌항아리의 물을 떠서 연회를 주관하는 책임자에게 갖다주라고 하셨을 때는 갈등할 수 있습니다.

이성이나 상식과 경험에 맞지 않는 일을 하게 될 때, 의심이 들고 갈등을 겪기 마련입니다. 봉사 활동을 하다가 도중에 주저앉아 버리는 이유도 여기에 있습니다. 믿음의 세계에는 상식이나 이성에 맞지 않는 일들이 너무나 많습니다. 하나님이 지시하시는 일들, 하나님이 하시는 일들이 우리 정서와 맞지 않는 경우가 많습니다. 생각해 보면, 하나님이 하시는 일이 죄인인 우리의 정서와 일치하지 않는 것이 정상입니다. 크고 위대하신 하나님을 작고 초라한 사람의 경험으로 헤아린다는 것이 불가능하기 때문입니다.

그런데 잔칫집 하인들은 놀랍게도 예수님의 말씀대로 항아리의 물을 떠서 잔치 책임자에게 그대로 갖다주었습니다.

온누리교회를 개척할 당시에 열두 가정이 지하실에서 모였었는데, 지금은 큰 건물이 생기고 다양한 프로그램도 구축하게 되었습니다. 그동안 베풀어 주신 하나님의 기적과 역사를 무엇으로 설명해야 할지 모르겠습니다. 이는 나의 작은 머리로는 감히 측량조차 할 수 없는 일입니다. 앞으로 교회가 어떤 방향으로 나아가야 할지 상상도 못하겠습니다. 다만 내가 할 수 있는 일은 돌항아리에 물을 채우고, 그 물을 잔치 책임자에게 갖다주는 것입니다. 잔칫집 하인들처럼 하나님이 명령하신 대로 온전히 순종하는 것뿐입니다.

하나님의 기적이 우리에게도 일어날 것을 확신하십시오. 하나님이 예비하신 복된 미래가 분명히 다가올 것임을 믿으십시오.

잔치 책임자는 물이 변해 된 포도주를 맛보았습니다. 그는 그 포도주가 어디에서 났는지 알지 못했지만 물을 떠 온 하인들은 알고 있었습니다(요 2:9).

잔치 책임자는 포도주 감별에서는 타의 추종을 불허하는 사람입니다. 그런데 하인들이 가져온 맹물을 맛보더니 그 깊은 맛에 감동합니다. 그는 그 포도주가 어디서 났는지 알지 못했지만, 물을 떠 온 하인들은 알았습니다.

기적은 믿고 순종하는 순간부터 이뤄지기 시작합니다. 하인들이 물을 떠서 잔치 책임자에게 가져다준 순간까지도 맹물이었습니다. 왜냐하면 예수님이 물을 떠서 가져다주라고 하셨지, 포도주를 떠서 갖다주라고 말씀하지 않으셨기 때문입니다.

항아리에 물을 채운 다음, 그 물을 떠서 갖다줄 바에야 처음부터 곧바로 가져다주면 되지 않겠느냐고 생각할 수 있습니다. 하지만 이것이 믿음의 과정입니다. 하인들이 물을 떠서 잔치 책임자에게로 가는 과정에 대해 우리는 아는 바가 없습니다. 분명한 것은 잔치 책임자가 물을 받아 맛보는 순간, 이미 향긋한 포도주로 변해 있었다는 사실입니다. 도대체 물이 언제 포도주로 변했을까요?

기적은 우리가 모르는 사이에 일어납니다. 그런 의미에서 기적은 하나의 과정입니다. 긴 겨울밤을 보내고 아침에 잠에서 깨어나 창문을 활짝 열고 밖을 내다봤을 때 온 땅에 하얀 눈이 덮여 있는 걸 본 기억이 있을 것입니다. 그 눈은 아침에 한꺼번에 온 것이 아니라 밤새도록 내려 쌓인 것입니다. 이처럼 우리 삶은 하루아침에 완성되는 것이 아니라 기적이 계속해서 쌓여 가며 형성됩니다. 믿는 사람에게는 모든 것이 축복이고 의미 있는 기적입니다.

우리는 물이 포도주로 변하게 된 과정을 통해 구원의 신비를 봅니다. 물이 포도주로 바뀐 것은 나쁜 물이 좋은 물로 바뀌었다거나 물에서 악취가 사라진 상태를 말하는 것이 아닙니다. 본질적으로 성분 자체가 달라진 것입니다. 그와 마찬가지로, 구원은 한 개인을 본질적으로 변화시킵니다. 인격이 성숙되고 양심이 깨끗해지고 도덕성이 높아지는 차원을 말하는 것이 아니라 죄인에서 의인으로 바뀌는 온전한 변화를 뜻합니다. 땅의 사람에서 천국의 시민으로, 사탄의 종노릇에서 하나님의 종노릇하는 근본적인 변화를 말합니다.

믿음의 체험이 능력을 일군다

잔치 책임자는 좋은 포도주가 어디서 났는지 알지 못했지만, 물을 떠 온 하인들은 알고 있는 것처럼 세상 사람은 구원의 기쁨을 알지 못하지만, 하나님의 자녀들은 너무나 잘 알고 있습니다. 예수님이 물로 포도주를 만드신 기적의 현장을 본 사람들은 큰일을 해낼 만큼 성장합니다. 예수님이 행하신 기적의 현장을 목격한 증인이기 때문입니다.

우리가 예수님을 믿고 신앙생활을 하면서도 삶에 능력이 없는 것은 신앙을 체험적으로 경험하지 못했기 때문입니다. 믿음의 실제를 만나고 죄가 떠나가고 귀신이 물러가는 기적을 체험하면 능력이 생깁니다. 이는 세상을 변화시키고 죽음까지도 초월하는 힘이 됩니다. 어떤 위기와 고난이 닥쳐도 승리할 수 있는 능력은 바로 다시 태어남의 비밀에 있습니다.

그러고는 이렇게 말했습니다. "누구든지 처음에는 맛 좋은 포도주를 내오다가 손님들이 취하면 덜 좋은 포도주를 내는 법인데 당신은 가장 좋은 포도주를 지금까지 남겨 두었군요"(요 2:10).

세상은 먼저 좋은 것을 내고, 나중에 나쁜 것을 냅니다. 인간관계에서도 처음에 친하다가 나중에는 서로 얼굴을 붉히며 싸우고 헤어집니다. 그러나 하나님은 가면 갈수록 더 좋고 귀한 것을 내주십니다. 구원받은 사람들은 처음에 좀 서먹서먹해하지만, 시간이 지날수록 인격적으로 신뢰하게 되고 나중에는 아름다운 교제를 나누며 서로 축복하게 됩니다. 이처럼 세상의 방법과 하나님의 방법 사이에는 큰 차이가 있습니다.

예수께서 이 첫 번째 표적을 갈릴리 가나에서 행해 자기의 영광을 드러내셨습니다. 그러자 예수의 제자들이 그를 믿었습니다(요 2:11).

이 말씀에는 세 가지 의미가 담겨 있습니다. 첫째, 예수님이 결혼식 잔치에서 행하신 첫 번째 기적으로 신랑을 비롯해 참석한 모든 사람이 은혜를 받았습니다. 그들은 잔치 막판에 질 좋은 포도주를 마시는 기쁨을 누릴 수 있었습니다.

둘째, 예수님은 기적을 베푸심으로써 자신의 영광을 나타내셨습니다. 사람들이 갈채를 보내고 환호성을 올리는 좋은 일이라도 하나님이 영광을 받지 않으시면 아무 소용없습니다.

셋째, 제자들이 예수님을 믿게 되었습니다. 다시 말해서 비로소 제자들에게 믿음이 생기기 시작했다는 뜻입니다.

예수님은 가나의 결혼식을 시작으로 수많은 기적을 베푸셨습니다. 그런데 예수님의 기적이 다른 기적들과 다른 점은 무엇일까요? 우선, 예수님의 기적은 인위적이지 않고 늘 자연스럽습니다. 예수님은 기적을 위한 기적을 베푸신 적이 단 한 번도 없습니다. 굶주린 사람에게는 먹을 것을 주시고, 병든 사람은 낫게 해 주셨습니다. 필요에 따라 자연스럽게 기적을 베풀어 주신 것입니다.

둘째, 예수님은 과시하기 위해서 기적을 베푸신 적이 없습니다. 언제나 소박하고 따뜻한 사랑의 관계에서 기적을 베푸심으로써 전적으로 헌신하십니다.

셋째, 예수님은 영적 감각이 있는 사람들을 기적에 개입시키십니다. 가나의 결혼식에서는 예수님의 어머니 마리아로 하여금 기적을 청하게 하시고, 하인들로 하여금 기적의 통로가 되게 하십니다.

넷째, 예수님의 기적에는 '관계'와 '때'가 중요합니다. 우리는 하나님께 기적을 요구하지만, 주님은 우리에게 관계를 요구하십니다. 관계란 믿음을 뜻합니다. 예수님은 포도주가 떨어졌다는 마리아의 말에 "어머니, 그것이 나와 당신에게 무슨 관계가 있다고 그러십니까?"라고 물으십니다. 이것은 믿음의 관계가 형성되어야 기적을 베푸시겠다는 뜻입니다.

또한 "아직 내 때가 이르지 않았습니다"라고 말씀하십니다. 즉 예수님은 우리가 원하는 때가 아닌 주님이 원하시는 때에 기적을 베푸신다는 뜻입니다. 이처럼 하나님과 인간의 관계와 하나님의 때는 기적을 행함에 있어 매우 중요한 요소입니다.

과거의 상처와 패배 의식으로 미래를 향해 나아갈 힘을 잃었습니까? 부정적인 생각은 겁을 주고, 희망을 봉쇄해 버립니다. 그래서 좋은 기회와 은사를 사장시켜 버립니다.

과거의 실패와 단절해야 합니다. 하나님은 함께 미래로 나아가자고 오늘도 외치십니다. 우리를 위해 찬란한 미래를 예비해 두셨으니 능히 우리를 회복시켜 주실 것입니다. 예수님은 물로 포도주를 만드신 기적을 우리를 통해 계속하길 원하십니다.

기적의 주인공은 바로 우리입니다. 미래는 분명히 하나님의 것임과 동시에 우리 것입니다. 물로 포도주를 만드신 예수님을 바라보며 세상 사람에게 축복을 나눠 주는 그리스도인이 되어야 하겠습니다. 우리 삶에 날마다 풍성한 기적이 이어지길 축원합니다.

12

주의 집을 향한
열정이 나를 삼킵니다

요한복음 2:12-25(1)

채찍과 피 흘림, 모두 사랑이다

예수님은 가나의 결혼식에서 물로 포도주를 만드신 기적을 행하신 후 가버나움으로 가셨다가 유대인의 명절인 유월절을 맞아 예루살렘으로 가십니다.

그 후 예수께서는 어머니와 동생들과 제자들과 함께 가버나움으로 내려가셔서 그곳에서 며칠 동안 머물러 계셨습니다. 유대 사람들이 지키는 유월절이 다가오자 예수께서는 예루살렘으로 올라가셨습니다. 예수께서 성전 뜰에서 사람들이 소와 양과 비둘기를 팔고 또 탁자 앞에 앉아 돈을 바꿔 주는 것을 보셨습니다(요 2:12-14).

예루살렘 성전에 들어간 예수님은 이상한 풍경을 목격하십니다. 하나님과 성전의 이름을 팔아 장사하는 무리를 보신 것입니다. 그 순간 항상 겸손하고 온유하며 사랑이 충만하신 예수님이 완전히 다른 모습으로 변하십니다.

예수께서는 노끈으로 채찍을 만들어 양과 소들을 모두 성전 밖으로 내쫓고 돈을 바꿔 주던 사람들의 동전을 쏟고 탁자를 엎어 버리셨습니다. 그리고 비둘기를 팔던 사람들에게 말씀하셨습니다. "이것들을 여기에서 치워 버리라! 내 아버지의 집을 장사하는 집으로 만들지 말라!"(요 2:15-16).

예수님의 추상같은 불호령이 떨어진 것입니다. 예수님이 노하시자 아무도 항거하지 못한 채 성전 안은 숙연해집니다. 가나의 결혼식에서 물로 포도주를 만드신 기적의 장면에 이어 곧바로 예수님이 채찍을 들고 노하시는 장면이 소개됩니다. 그 이유가 무엇일까요?

마태, 마가, 누가는 이 사건을 예수님이 체포당하시기 직전에 기록하고 있습니다. 공생애를 시작하신 지 3년 만의 일입니다. 하지만 요한은 그보다 앞서 소개하고 있는데, 그 이유는 메시아의 두 가지 모습을 보여 주기 위해서입니다.

예수님은 인간을 사랑하시고 기적을 베풀어 주시며 죄인을 구원하십니다. 하지만 동시에 인간의 불의를 심판하시고 거짓에 노하시고 잘못에 대해 채찍질하십니다. 진정한 사랑은 죄를 덮어 두지 않고 치워 주며, 진정한 용서는 잘못을 못 본 척하지 않고 대신 대가를 치릅니다.

진정한 사랑은 이처럼 자신을 희생합니다. 오늘날 우리나라에 교회가 많고 예수님을 믿는 사람도 많지만, 사람들이 외롭고 쓸쓸해하는 이유는 교회와 그리스도인이 기꺼이 자신을 희생하지 않기 때문입니다. 마틴 루터 킹 목사 이후로 순교가 없었기 때문에 미국의 기독교가 타락하고 허무해졌습니다. 예수님은 우리에게 값없이 구원을 주시려고 십자가에서 우리를 대신하여 죗값을 치르셨습니다. 이것이 기독교의 핵심입니다.

성전을 사랑하고 아무에게도 상처 주지 마라

예수님이 성전에서 화내신 모습에서 몇 가지 사실을 배웁니다. 첫째, 주님은 예루살렘 성전을 사랑하신다는 것입니다. 예수님은 12세 때 예루살렘 성전에서 제사장들과 더불어 토론을 벌이신 적이 있습니다. 그리고 성인이 되어 나귀 새끼를 타고 많은 사람의 환호를 받으며 예루살렘에 입성하십니다. 예수님의 생애를 보면 언제나 성전 중심의 삶을 사신 것을 알 수 있습니다. 하나님을 사랑하는 사람의 특징은 삶의 구심점이 하나님과 말씀, 교회에 있다는 것입니다.

　나는 성도들에게 교회를 중심으로 살아가기를 권면합니다. 세상에 아무리 좋고 훌륭한 것이 있어도 먼저 하나님을 생각하기를 강권합니다. 세상의 유명한 사상과 철학이 있어도 먼저 하나님 말씀을 기억하기를 제안합니다. 이것이 그리스도인의 삶의 태도입니다.

　둘째, 그리스도인과 교회의 본질은 거룩함과 순결이라는 것입니다. 교회의 본질은 각종 행사와 프로그램에 있지 않습니다. 구제와 봉사에 있지 않습니다. 예수님은 예루살렘 성전에서 장사하던 무리에 분노하셨는데, 만약 오늘날 각 교회를 방문하신다면 어떤 태도를 취하실지 몹시 궁금해집니다. 당시 성전에서 소와 양과 비둘기를 판 데는 이유가 있습니다. 하나님께 제사 드리는 데 바칠 제물을 미처 준비하지 못한 사람들을 위해 짐승을 준비해 두었다가 판 것입니다. 또 어떤 사람은 흠 없는 짐승을 데려오다가 사고가 나면 성전에 도착해서 상처 없는 짐승과 교환하기도 했습니다. 그리고 성전세로 반 세겔을 내야 하는데, 로마 화폐는 이방인의 것이라고 하여 바칠 수 없으므로 이를 세겔로 환전해야 했습니다.

처음에는 좋은 뜻으로 장사가 시작되었습니다. 그러나 짐승을 판매하고, 환전하는 과정에서 이익이 발생하자 인간의 이기심과 탐욕이 예배와 성전을 지배하게 됐습니다. 점점 심해져서 제사장과 짜고 성전에서 장사하고 환전했습니다. 성전에서 하나님께 예배드리는 것보다 온통 장사하는 일에 사람들의 마음이 쏠렸습니다. 각자 자기 이익을 추구하는 데 혈안이 되었습니다. 이를 보신 예수님이 화를 참지 못하신 것은 당연한 일입니다.

선한 동기로 일을 시작해도, 진행되는 과정에서 서로 이해관계가 맞물리기 시작하면 사람들의 마음이 야수처럼 변해 갑니다. 겉으로는 순한 양같이, 천사같이 말하지만 그 안에는 강도의 소굴이 있는 것은 예나 지금이나 마찬가지입니다.

교회에서 열리는 바자회가 모두 잘못된 것이 아닙니다. 그러나 좋은 동기에서 시작한 일도 어느새 변질되고 불순한 결과를 가져올 수 있음을 알고 항상 주의해야 합니다. 특히 교회에서 물건을 사고파는 행위나 돈을 주고받는 일은 열 번이고 스무 번이고 예수님의 말씀을 기억하며 행해져야 합니다. 초심을 잃지 말고, 선하고 깨끗한 양심을 버리지 말아야 한다는 것을 예수님을 통해 다시 배웁니다.

셋째, 예수님은 신중하게 일하시고, 사람들을 야단칠 때도 상처를 주지 않으신다는 사실입니다. 예수님은 소나 양이나 비둘기를 파는 일을 비난하지 않으셨습니다. 예배를 위해 성전세를 내도록 돈을 바꿔 주는 것도 책망하지 않으셨습니다.

그런데 우리는 가끔 '교회에서 물건을 사고파는 것' 자체를 문제 삼기도 합니다. 교회에서 예배를 위해, 성도들의 필요를 위해, 농어촌 교회를 돕기 위해 하는 상거래는 얼마든지 할 수 있습니다. 다만 그 일을 대하는 태도가 중요합니다. 예수님은 그것을 지적하신 것입니다.

예수님은 노끈으로 채찍을 만들어 양과 소들을 내쫓고, 돈을 바꿔 주던 탁자를 엎어 버리셨습니다. 여기서 주목할 것은 예수님이 사람은 치지 않으셨다는 사실입니다. 하나님의 일을 한다면서 지나친 의협심으로 사람에게 상처를 주고, 도덕적으로 수치심을 안기지 않도록 주의해야 합니다.

또 하나 주목해야 할 것은 예수님이 비둘기를 파는 사람을 대하시는 태도입니다. 예수님은 화가 나서 성전에서 양과 소들을 내쫓으면서도 비둘기는 날려 보내지 않으십니다. 소나 양은 다시 잡아올 수 있지만, 비둘기는 다시 잡아들이기가 어렵기 때문입니다. 이처럼 매우 신중하게 일하셨음을 알 수 있습니다. 예수님은 남의 재산을 축내지 않으셨고, 잘못한 사람들의 인격도 소중히 다루셨습니다.

또한 예수님이 성전에서 장사하는 사람들을 내쫓으실 때 제자들이 동참했다는 기록이 없다는 점도 주목해야 합니다. 그러면 우리가 해야 할 일이 분명해집니다. 다시는 그런 일이 발생하지 않도록 미리 경고 메시지를 주신 것입니다. 사람의 인격에 상처를 주는 일은 결코 해서는 안 됩니다. 이것은 가정이나 직장이나 사회에서 그리스도인이 배워야 할 좋은 교훈입니다.

본질을 놓치지 마라

넷째, 예수님의 영적 영향력이 매우 크다는 것입니다. 제자들은 항상 사랑과 은혜가 많고 겸손하신 예수님을 보다가 또 다른 모습을 발견하고 그분의 다음과 같은 말씀을 기억해 내고 영적으로 크게 감동합니다. 예수님의 제자들은 "주의 집을 향한 열정이 나를 삼킬 것이다"(요 2:17)라고 기록된 성경 말씀이 생각났습니다.

영적 감동의 절정은 순교입니다. 순교는 남을 해치지 않고 대신 본인이 고통을 겪는 것이고, 남을 죽이지 않고 대신 자신이 죽는 것입니다. 자신이 하는 일을 통해 다른 사람들에게 영적 영향력을 행사하는 것이 진정한 순교입니다.

다섯째, 예수님의 돌발적인 행동에 유대인과 종교 지도자, 특히 성전과 이해관계가 있는 사람들이 당황했다는 것입니다.

> 그때 유대 사람들이 예수께 물었습니다. "당신이 이런 일을 할 수 있다는 것을 증명할 만한 무슨 표적을 우리에게 보여 줄 수 있겠소?"(요 2:18).

그들은 예수님께 "도대체 네가 누구인데 감히 이런 행동을 하느냐? 우리에게 어떤 표적을 보여 줄 수 있겠느냐?"라고 따집니다. 세상 사람들은 자기가 살아온 방식대로 만사를 이해하기 때문에 결정적인 순간에 깨달아야 할 영적 의미를 전혀 깨닫지 못하는 일이 비일비재합니다. 유대인들이 "무슨 권세로 그런 행동을 하느냐! 권세가 있으면 표적을 보이라"고 하자 예수님이 아주 재미있는 말씀을 하십니다.

> 이 성전을 허물라. 그러면 내가 3일 만에 다시 세우겠다(요 2:19).

유대 사람들이 "이 성전을 짓는 데에 46년이나 걸렸는데 당신이 그것을 3일 만에 다시 세우겠다는 말이오?"라고 즉시 반문합니다. 그들은 예수님이 하신 말씀의 의미를 도무지 깨닫지 못했습니다.

예수님이 하신 비유의 말씀을 모든 사람이 알아들을 수 있는 것은 아닙니다. 듣는 귀가 있는 자만이 알아들을 수 있습니다. 예수님은 '십자가에 못 박혀 죽으시고 3일 만에 부활하실 것'을 예표로 말씀해 주셨지만, 제자들을 비롯해 아무도 그 의미를 깨닫지 못했습니다.

성전을 허물겠다는 말씀은 비유의 핵심에 해당합니다. 예수님은 비유로 말씀하신 것을 바로 확실하게 해석해 주십니다. 예수님이 말씀하신 성전은 바로 "자기 몸"(요 2:21)을 가리킨 것이었습니다.

영적인 눈과 귀가 뜨이고 밝아져 복음과 구원의 비밀을 깨닫는 복이 있어야 합니다. 예수님의 십자가에서 죽으심이 인간의 눈으로 보면 실패처럼 보일 수 있습니다. 하지만 영적인 눈으로 보면, 십자가 사건은 예수 그리스도의 승리이자 인간의 축복입니다. 더욱 중요한 것은 예수 그리스도께서 부활하셨다는 사실입니다.

구약에서 성전은 하나님이 임재하시어 백성들에게 용서와 사랑을 보여 주시는 곳이었습니다. 창조와 구원의 비밀을 담고 있는 공간이었습니다. 하나님과 사람이 만나는 우주의 중심이자 주님의 거룩함과 순결을 기리는 곳이었습니다. 하나님의 백성들에게는 믿음의 원천이기도 했습니다.

그런데 신약시대에 와서는 예수님이 "내가 성전이다"라고 말씀하십니다. 또한 우리에게 "네 몸이 하나님의 성전이다. 성령의 집이다"라고 말씀하십니다. 하나님의 집의 본질은 거룩함과 순결입니다. 교회가 거룩함과 순결을 잃어버리면 모든 것을 잃은 것이나 마찬가지입니다.

교회의 본질은 예수 그리스도시고, 예수 그리스도의 본질은 부활입니다. 그래서 예수님이 성전을 "3일 만에 다시 세우겠다"고 말씀하신 것입니다. 사탄은 예수 그리스도를 십자가에 못 박아 죽게 했지만, 하나님은 예수 그리스도를 부활시키셨습니다. 이 사실을 믿는 사람이 곧 그리스도인입니다. 예수님같이 교회를 향한 사랑이 마음 가득히 넘쳐나는 그리스도인이 되길 축원합니다.

13

교회에서 십자가와
부활을 경험합니다

요한복음 2:12-25(2)

건물을 허물고, 성전을 일으키라

당시 유대인들은 예루살렘 성전에 관해 전통적인 생각을 갖고 있었습니다. 솔로몬왕이 지었고, 스룹바벨과 헤롯왕이 개축한 이 화려하고 멋진 성전이 그들의 마음속에 자리 잡고 있었습니다. 유대인들은 헤롯왕이 46년에 걸쳐 개축한 이 성전이야말로 거룩한 하나님의 집이요 신앙의 전부라고 생각했습니다.

그런데 예수님이 그 소중한 성전을 헐라고 하면서 3일 만에 다시 세우겠다고 말씀하시니 유대인들은 예수님을 이해할 수 없었을 뿐만 아니라 크게 분노하고 말았습니다. 그러나 예수님은 성전된 자기 몸을 가리켜 하신 말씀이었습니다.

여기서 우리는 과연 성전이 무엇인지 다시 한 번 생각해 봐야 합니다. 예수님이 말씀하신 성전과 유대인들이 말하는 성전은 다릅니다. 바리새인, 서기관, 제사장 등 종교 지도자들을 비롯한 많은 유대인이 성전을 잘못 이해하고 있습니다. 물론 성전은 하나님이 임재하시고, 사람들이 예배와 제사를 드리는 곳입니다. 하나님이 예배와 제사를 통해 사람들의 죄를 용서하시고, 삶의 새로운 방향을 주시는 곳입니다. 그래서 유대인들은 '성전이 곧 하나님'이라고 생각했고, 그것이 '성전 절대주의'나 '성전 우상화'로 발전했습니다.

지금도 유대인들의 생각에는 큰 변화가 없습니다. 예루살렘에 가 보면 옛 성전 터를 알리는 웅장한 돌덩이와 건축물 흔적이 그대로 남아 있습니다. 오늘날까지 유대교와 이슬람교가 성전을 차지하기 위해 피비린내 나는 전쟁을 계속하고 있습니다. 두 민족이 성전을 하나님의 집이요 신앙의 전부로 생각하기에 서로 차지하려고 안간힘을 쓰는 것입니다. 결국, 그들은 성전 탈환의 역사를 쓰고 있는 셈입니다. 유대인들은 옛 성전의 남은 한쪽 벽을 '통곡의 벽'이라고 부르며, 지금도 거기에 기도문을 적어 놓고 눈물로 외우곤 합니다.

성경은 성전에 관해 어떻게 말할까요? 솔로몬의 기도를 살펴보면, 쉽게 알 수 있습니다. 사실 성전은 솔로몬보다 다윗이 먼저 짓고 싶어 했습니다. 다윗은 자신이 살고 있는 왕궁은 화려한데 하나님의 집이 없음을 늘 안타까워했습니다. 그래서 그는 전 생애를 바쳐 하나님의 집을 지을 준비를 했습니다. 하지만 다윗에게 성전 건축을 허락하지 않으셨는데, 그가 하나님 앞에서 땅에 많은 피를 흘렸기 때문입니다.

그래서 성전 건축은 그의 아들인 솔로몬에게로 넘어갔습니다. 솔로몬이 선친 다윗의 소원대로 하나님의 집을 건축했습니다. 그는 성전 기공식에 많은 백성을 모아 놓고 하나님께 예배하면서 기도를 통해 의미심장한 이야기를 했습니다.

다음 말씀은 성전의 본질을 이해하는 데 중요한 열쇠를 제공합니다.

> 그러나 하나님께서 정말 땅에서 사람과 함께 계실 수 있겠습니까? 하늘과 하늘들의 하늘도 주를 다 모실 수 없는데 하물며 제가 지은 이 성전이겠습니까?(대하 6:18).

여기에는 두 가지 의미가 있습니다. 하나는 하나님은 인간과 함께 땅에 거하실 수 없다는 것입니다. 솔로몬은 위대하신 하나님이 성전에 계신다고 생각하니 갑자기 두려운 생각이 들었던 것입니다. 또 하나는 천지 만물을 창조하신 하나님을 겨우 성전에 모실 수 없다고 생각한 것입니다. 솔로몬은 "우주보다 크신 하나님께서 어떻게 내가 지은 집에 거하실 수 있겠습니까?"라고 고백했습니다.

다시 말하면, "하나님은 성전 안에도 계시고 바깥에도 계시며 우주 안에도 계시고 그 너머에도 계시는데, 어떻게 제가 지은 집에 계실 수 있겠습니까? 하나님을 성전에 가둬 둔들 갇혀 계시겠습니까?"라는 말입니다. 그리고 보면 솔로몬의 영적 통찰력은 뛰어났던 것 같습니다.

또한 그는 "다윗이 염원했고, 모든 백성이 열심히 지은 성전에서 기도할 때 응답해 주시고, 예배할 때 만나 주시며, 찬양할 때 받아 주옵소서" 하고 성전 봉헌 기도도 드렸습니다.

성전보다 크신 하나님은 성전 안에만 계시지 않습니다. 그러므로 성전을 천막으로 지었건 돌로 지었건 황금으로 지었건 외형은 중요하지 않습니다. 성전이 예루살렘에 있건 서울에 있건 위치도 중요하지 않습니다.

그런데 어리석은 인간은 예루살렘에 있는 황금으로 지어진 성전만이 진짜라고 생각했습니다. 성전이 곧 하나님이라고 믿는 것을 신앙으로 생각했습니다. 성전을 우상화하고 절대화했던 것입니다. 그 결과, 성전을 둘러싼 인간의 유혈 투쟁이 오늘날까지 계속되고 있습니다.

중요한 것은 성전에서 어떤 일이 일어나느냐입니다. 하나님이 성전에 임재하시며, 우리의 예배와 기도를 받으시는가 하는 것이 더욱 중요합니다. 하지만 인간은 하나님의 이름을 핑계 삼아 성전을 자기 이익과 쾌락을 도모하는 장소로 바꿔 놓았습니다. 오랜 세월이 흐르는 동안에 하나님보다 성전 건물이 더 중요해졌고, 사람들은 제사보다 제삿밥에 마음을 빼앗겨 버렸습니다.

그리스도의 몸 된 교회의 의미

그러면 올바른 성전관과 교회관은 무엇입니까? 예수님의 말씀에 따르면, 성전은 '자신의 육체', 즉 예수님의 몸을 가리킵니다. 당시 예수님이 비유로 하신 말씀에 대해 제대로 알아들은 사람은 아무도 없었습니다. 유대인들도, 제자들도 전혀 이해하지 못했습니다. 하지만 우리는 말씀을 통해 성전의 본질이 무엇인지 알 수 있게 되었습니다.

사도 바울은 그와 비슷한 말을 합니다.

> 하나님께서는 만물을 그리스도의 발아래 복종하게 하시고 그리스도를 만물 위에 교회의 머리로 삼으셨습니다. 교회는 그리스도의 몸이요, 만물 안에서 만물을 충만하게 하시는 분의 충만입니다 (엡 1:22-23).

교회의 머리는 예수 그리스도시고, 교회는 예수 그리스도의 몸입니다. 구약시대의 성전은 신약에 오실 예수 그리스도의 예표입니다. 성막은 예수 그리스도를 나타냅니다. 성막에서 제사가 드려졌는데, 제사의 핵심이 바로 예수 그리스도이십니다.

구약시대 사람들은 예수 그리스도를 볼 수 없었습니다. 그래서 성막에서 제사를 드리면서 장차 인류를 구원하기 위해 십자가에서 보혈을 흘리실 메시아를 느끼도록 한 것입니다. 그것이 성전의 본질입니다. 그런데 사람들은 메시아는 보지 못한 채 성전 건물과 제사만 봤습니다. 수없이 예배를 드리고 찬양하면서도 아무 일도 경험하지 못했던 것입니다.

"교회는 그리스도의 몸"이라는 말은 무슨 뜻입니까? 예수님은 "이 성전을 허물라. 그러면 내가 3일 만에 다시 세우겠다"라고 말씀하십니다. 이것은 건물로 된 성전은 가짜라고 말씀하신 것입니다. 3일 만에 성전을 다시 세우겠다는 말씀에는 두 가지 의미가 담겨 있습니다. 하나는 십자가이고, 다른 하나는 부활입니다.

하나님의 아들 예수 그리스도께서 온 인류의 죄를 용서하기 위해 십자가에 못 박혀 죽으신 것이 교회의 본질입니다. 그리고 예수 그리스도께서 사망 권세를 이기시고 사흘 만에 무덤에서 부활하신 것이 성전의 본질입니다. 예수님의 십자가는 사랑인데, 달리 말하자면 십자가는 보혈입니다. 사랑의 능력은 곧 보혈의 능력입니다. 부활은 생명의 성령을 의미합니다. 성령의 법이 죄와 사망의 법을 깨뜨리고 인간을 해방시킨 것입니다.

오늘날 우리가 교회에 모이는 이유는 십자가와 부활을 경험하기 위해서입니다. 만약 교회에서 십자가와 부활을 경험하지 못한 채 그냥 돌아간다면, 삶에서 아무 일도 일어나지 않습니다. 그러나 교회에서 십자가와 부활을 경험한다면, 교회야말로 세상의 희망이요 문제 해결의 확실한 대안이 될 것입니다. 교회는 그리스도의 몸이요 십자가요 부활이기 때문입니다. 이것이 예수님의 성전관입니다.

교회는 보혈과 능력의 공동체입니다. 말할 수 없는 기쁨과 감격을 안고 세상으로 나아가 찬양하고 봉사하며 전도하는 주님의 제자들이 모이는 곳이 교회입니다. 우리가 십자가의 능력으로 변화 받고 무장할 때 세상의 모든 미움과 저주와 죽음이 잠잠해질 것입니다.

예수님이 성전 된 자신의 육체에 대해 하신 말씀을 유대인들은 깨닫지 못했지만, 제자들은 깨달아야 했습니다. 하지만 불행하게도 제자들 역시 똑같았습니다. 예수님이 부활하신 후에야 말씀을 기억하고 성경과 예수님을 믿게 되었습니다. 모든 사람이 하나님 말씀을 다 이해하는 것은 아닙니다. 어떤 사람은 잘 이해하지만, 어떤 사람은 전혀 이해하지 못합니다.

교회의 본질을 정확히 알아야 올바로 섬길 수 있고, 잘못된 길로 빠지지 않습니다. 교회는 건물이나 교파나 제도를 가리키는 것이 아닙니다. 교회의 본질은 십자가의 사랑과 보혈의 능력에 있으며 성령 충만으로 생명력을 회복하는 데 있습니다.

속속들이 알면서도 사랑하시다

예수님이 유월절을 맞아 예루살렘에 계시는 동안에 많은 사람이 그분이 행하시는 표적을 보고 그 이름을 믿었습니다. 그러나 예수님은 모든 사람을 알고 계셨기에 자기 자신을 그들에게 맡기지 않으셨습니다. 또한 사람에 대해 누구의 증언도 필요하지 않으셨습니다. 사람의 마음속에 있는 것을 다 알고 계시기 때문입니다(요

2:23-25).

여기서 예수님의 특별하심을 엿볼 수 있습니다. 예수님은 가나의 결혼식에서 물로 포도주를 만드신 후, 유월절이 다가오자 예루살렘으로 올라가셨다가 성전에서 채찍으로 양과 소들을 내쫓고 돈을 바꿔 주던 탁자를 엎어 버리셨습니다. 포도주를 만드신 일과 성전을 정화하신 일은 비슷한 시기에 일어난 매우 대조적인 사건입니다.

유월절을 맞아 예루살렘에 계시는 동안에 많은 사람이 예수님의 기적을 보고 몰려들었습니다. 24절에 재미있는 표현이 있습니다. 예수님은 몰려든 사람들에게 자신을 맡기지 않겠다고 말씀하십니다. 사람의 마음속에 있는 것까지 다 알고 계셨기 때문입니다 (요 2:25).

예수님은 인간을 사랑하셨습니다. 특별히 병들고 약하고 어려움 중에 처한 사람을 사랑하셨습니다. 창녀와 세리, 죄인, 버림받은 사람들의 친구가 되어 주셨습니다. 예수님은 그들을 위해 자신의 몸을 내어 주시고, 제자들의 발도 씻겨 주셨습니다. 하지만 예수님은 인간을 믿지 않으셨고 그들을 향한 기대감도 없으셨습니다.

우리는 사랑하고 존경하는 사람을 추종하게 됩니다. 그리고 그 사람한테서 정을 느끼며 기대고 싶고, 의지하고 싶어 합니다. 하지만 그 사람이 그에 상응하는 보상을 주지 않을 때 그 사랑은 곧 질투, 분노, 미움으로 변합니다. 부모는 자녀를 헌신적으로 기르지만, 자식이 잘못하면 "내가 너를 어떻게 키웠는데 네가 이럴 수 있느냐?" 하고 섭섭해 합니다. 부부 관계, 인간관계도 마찬가지입니다.

우리는 사람을 사랑하고 도움의 손길을 주어야 합니다. 그러나 그에 대한 보상을 기대해서는 안 됩니다. 인간은 본능적으로 배신하는 존재입니다. 상황이 변하면 두 얼굴을 갖게 됩니다. 예수님은 그런 인간을 속속들이 알면서도 여전히 사랑하십니다.

사람에게 너무 많은 기대를 걸지 마십시오. 사람은 그저 사랑해야 할 대상일 뿐입니다. 아무 조건 없이 사랑해야 합니다.

3부

이처럼 사랑하셔서

요한복음 3:1-36

생명의 빛을 가진 사람은 그 생명을 이웃에게 나눠 줍니다.
이웃에게 사랑을 나눠 주지 못하는 것은
사랑을 받아 본 경험이 없기 때문입니다.
지식이 있다고 이웃을 더욱 사랑하는 것은 아닙니다.
돈이 많고 건강하다고 해서 남을 더욱 사랑할 수 있는 것은 아닙니다.
그 안에 생명의 빛이 있어 예수 그리스도의 사랑이 흘러넘칠 때
비로소 이웃에게 사랑을 전할 수 있습니다.

14

즐거이 다시
태어나겠습니다

요한복음 3:1-4

한밤중에 찾아오다

신앙이란 단순히 어떤 사실을 믿는 행위라고 단정적으로 말할 수가 없습니다. 때로 신앙은 극도의 의심과 혼란과 호기심에서 시작되기도 합니다. 의심하고 거부하며 혼란에 빠져 있다가 마침내 빛을 보기도 합니다. 그 빛을 보는 순간 마음속에 번복할 수 없는 확신이 들고 믿음이 생기기 시작하는 것입니다.

우리는 첫째 부류의 사람을 가리켜 '구원받은 자'라고 합니다. 삶의 의미와 목적을 알고 어떤 고난이나 어려움이 닥쳐도 두려워하지 않고 기쁜 마음으로 살아가는 사람입니다. 이런 사람의 특징은 한마디로 죽음도 두려워하지 않는다는 것입니다.

둘째 분류의 사람을 가리켜 '무신론자'라고 합니다. 하나님 없이 삶을 자아 중심으로 살아가는 사람입니다. 무신론자의 최대 고민은 죽음에 대한 불안입니다. 그들은 하나님과 영원한 세계를 거부했기 때문에 죽은 후에 갈 곳이 없습니다.

셋째 분류의 사람을 가리켜 '종교인'이라고 합니다. 삶의 의미와 목적을 찾은 것으로 착각하며 살아가다 보니 뭔가 잘못되었다는 생각이 들면 뭔가 불안해하면서 갈등합니다.

요한복음에 등장하는 '니고데모'는 셋째 분류에 속하는 사람입니다. 우리는 말씀을 통해 그에 대한 몇 가지 정보를 얻을 수 있습니다.

> 바리새파 사람들 중에 니고데모라는 사람이 있었는데 그는 유대 공회 지도자였습니다(요 3:1).

첫째, 그는 바리새파에 속한 사람입니다. 우리가 아는 대로 바리새인이란 단어 자체가 '분리주의자'를 뜻합니다. 그들은 "나는 너와 달라서 하나님의 율법을 완벽하게 지키고 살며 인생의 의미와 목적을 확실히 아는 사람"이라고 주장합니다. 실제로 그들은 유대인 사회에서 존경받는 무리였습니다. 예수님 당시 바리새인의 수는 6,000명 정도였으며, 그들 중 훌륭한 율법학자나 경건한 지도자들이 많이 배출되어 도덕적 · 종교적으로 큰 세력을 형성하고 있었습니다.

둘째, 니고데모는 유대인의 관원입니다. 당시 유대의 관원이란 산헤드린 공회의 의원을 말합니다. 70명의 의원으로 구성된 산헤드린 공회는 이스라엘의 정치, 경제, 사회, 종교 등 모든 분야에서 법을 집행할 수 있었고 경찰권까지 가지고 있었습니다. 사형 집행을 제외한 모든 권한을 행사할 수 있는 막강한 권력 기관이었습니다. 니고데모는 바리새인이면서 산헤드린 공회의 의원으로 사회 지도층 인사였습니다.

셋째, 예수님은 니고데모에게 "너는 이스라엘의 선생이면서도 이런 일을 이해하지 못하느냐?"(요 3:10)라고 말씀하십니다. 이로 보아 니고데모는 이스라엘 사회에서 '선생'이라는 칭호를 받는 최고 지성인이기도 합니다.

넷째, 니고데모는 굉장히 부유한 사람이었습니다. 예수님이 십자가에 못 박혀 죽으셨을 때 니고데모가 시신을 처리하는 장면이 나옵니다. 성경은 "또 전에 밤중에 예수를 찾아갔던 니고데모도 몰약에 침향을 섞은 것을 100리트라 정도"(요 19:39)가져왔다고 그의 변화된 모습을 기록하고 있습니다. "몰약에 침향을 섞은 것을 백 100리트라 정도"란 표현은 그의 경제적 능력을 증명하는 것입니다. 예수님의 시신을 가져다 향품과 함께 고운 삼베에 싸서 유대인의 장례법대로 처리한 사람이 니고데모입니다.

한마디로 말해 니고데모는 사회적으로 존경받고 먹고 사는 데 불편함 없이 모든 것을 누리던 사람입니다. 그런 그가 밤에 예수님을 찾아온 것입니다.

그가 밤에 예수를 찾아와 물었습니다.

랍비여, 우리는 당신이 하나님께로부터 오신 선생님인 것을 알고 있습니다. 하나님께서 함께하시지 않는다면 선생님이 행하신 그런 표적들을 아무도 행할 수 없기 때문입니다(요 3:2).

니고데모는 아무에게나 아부하는 사람이 아니었습니다. 더구나 아무런 검증도 되지 않은 예수라는 청년을 찾아와 상담을 요청할 정도의 위치에 있던 사람은 더욱 아니었습니다.

바리새인이자 유대 공회 지도자이며, 선생이고 부자인 니고데모가 예수님을 찾아온 이유는 무엇일까요? 그것도 대낮이 아닌 밤을 틈타 예수님을 찾아온 이유는 과연 무엇일까요?

알면 알수록 더 목마르다

니고데모는 많은 것을 가졌지만, 항상 무엇인가에 쫓기며 불안해했습니다. 자신만만하게 사는 사람이라고 자타가 공인하지만, 예수라는 청년을 찾아가지 않으면 안 될 만큼 영적으로 불안한 사람이었습니다. 동시에 예수라는 청년이 누구이기에 병자를 고치며 귀신을 쫓아내는 기적을 행하는지 알아내야 직성이 풀리는, 지적 호기심이 강한 사람이었습니다.

니고데모에게 예수님은 지금까지 자신이 믿어 왔던 엄격한 율법의 삶을 송두리째 뒤흔들어 놓는 존재였습니다. 살다 보면 겉으로 표현하지는 않지만, 긍정적 영향 때문에 속으로 굉장한 충격을 받을 때가 종종 있습니다. 아마 니고데모가 예수님 때문에 그랬던 것 같습니다. 그는 청년 예수에 대해 어쩔 줄 몰라 했을 것입니다.

신앙이란 단순히 어떤 사실을 믿는 행위라고 단정적으로 말할 수가 없습니다. 때로 신앙은 극도의 의심과 혼란과 호기심에서 시작되기도 합니다. 의심하고 거부하며 혼란에 빠져 있다가 마침내 빛을 보기도 합니다. 그 빛을 보는 순간 마음속에 번복할 수 없는 확신이 들고 믿음이 생기기 시작하는 것입니다.

요한복음 3장에서 니고데모는 영적 갈등과 호기심 때문에 야밤에 예수님을 찾아옵니다. 그러다 19장에서 그가 예수님을 제대로 알아본 것을 알 수 있습니다. 믿음은 하루아침에 만들어지는 것이 아닙니다. 오랜 시간, 많은 과정을 거치면서 하나씩 형성되어 가는 것입니다.

니고데모가 예수님을 찾아와 했던 말을 통해 그를 이해할 여러 단서를 발견할 수 있습니다.

첫째, "우리는 당신이 하나님께로부터 오신 선생님인 것을 알고 있습니다"(요 3:2)에서 니고데모는 '내가'라고 하지 않고 '우리'라고 말합니다. 그는 인생을 책임지는 주체로서 자신을 인정하고 있지 않습니다. '우리'라는 말로 집단 속에 자신을 숨기고 있는 것입니다.

신앙은 '우리'보다 '개인'이 중요합니다. 삶에서는 '우리'가 통할 수 있지만, 죽음에서는 '우리'가 통하지 않습니다. 인간은 '우리'라는 집단으로 죽지 않고, '개별'로 죽습니다. 아내와 함께 오랜 세월을 살았더라도 죽을 때는 '따로'입니다. 그런데 니고데모는 '우리'라는 집단 속에 자신을 정당화하며 살아온 것입니다.

둘째, "우리는 당신이 하나님께로부터 오신 선생님인 것을 알고 있습니다"고 말함으로써 주님을 알고 있을 뿐 믿지 않는다는 사실을 보여 줍니다. 니고데모는 믿음의 사람이 아닌 인식의 사람입니다. 역설적으로 들리겠지만, 아는 것은 힘이 아닙니다. 많이 알면 알수록 그만큼 더 많이 괴로워하게 됩니다. 즉 믿는 것이 힘이 됩니다.

니고데모는 믿음의 단계로 발전해야 하지만 정보, 사실, 지식 등의 인식 단계에 아직 머물러 있습니다. 아마 '예수는 특별해서 우리와 다른 존재일 것이다', '예수는 하나님의 아들이 맞을지도 모른다' 정도까지 발전한 듯합니다. 그러나 이것은 구원이나 믿음과 아무 상관 없는 인식의 단계에 불과합니다. 교회에 나온다고, 성경을 읽는다고 믿음이 생기지 않습니다. 사람이라면 누구나 예수님에 대해 객관적으로 알 수 있지만, 아무나 믿음을 갖게 되는 것은 아닙니다.

셋째, "하나님께서 함께하시지 않는다면 선생님이 행하신 그런 표적들을 아무도 행할 수 없기 때문입니다"(요 3:2)라는 말로 볼 때, 니고데모는 예수님이 초자연적인 능력을 가지신 분임을 분명히 인식하고 있습니다. 예수라는 청년이 병자들을 고치고 귀신을 쫓아내는 일들을 행하는 것으로 보아 그를 부인할 수도 없고, 그렇다고 긍정할 수도 없는 심정이었을 것입니다. 우리는 이런 유형의 사람을 가리켜 구도자(seeker)라고 합니다. 진리에 대해 부정도 긍

정도 하지 않고 그냥 좋은 감정을 가진 사람들을 가리킵니다.

교회가 이런 사람들을 대상으로 마련한 것이 '열린 예배' 혹은 '구도자 예배'입니다. 열린 예배란 전적으로 불신자만을 대상으로 하는 것이 아니라, 밤에 예수님을 찾아온 니고데모와 같은 사람들을 고려하여 그들이 예배에 거부감을 느끼지 않도록 약간 변형시켜 예배를 드리는 것입니다. 우리 중에는 니고데모와 같은 사람이 많습니다. 예수님이 특별한 존재이고 하나님의 아들인 것 같긴 한데, 마음 한편으로 확신하지 못하는 사람들입니다.

다시 태어나야 영원히 산다

예수님은 니고데모의 영적 호기심과 내적 불안감에 아주 간단하면서도 의미심장한 한마디를 던지십니다. "내가 진실로 진실로 네게 말한다. 누구든지 다시 태어나지 않으면 하나님 나라를 볼 수 없다"(요 3:3)라는 이 말씀은 언뜻 듣기에 별말 아닌 것 같지만, 곰곰이 생각해 보면 엄청난 말씀입니다.

특히 예수님이 "진실로 진실로 네게 말한다"라고 거듭 말씀한 것은 굉장히 중요한 사실을 강조하실 때 사용하시는 표현법입니다. 일반적인 것이 아니라 근본적이고 특별한 말씀이라는 뜻입니다.

'사람이 다시 태어난다'는 말을 깨달으면 하나님 나라를 보게 되고, 깨닫지 못하면 하나님 나라를 볼 수 없습니다. 예수님은 사람이 하나님 나라를 볼 수 있는 열쇠는 '다시 태어남'이라고 강조하십니다. 인생에서 믿음의 핵심은 바로 여기에 있습니다. 오늘 예수님은 "너는 다시 태어났느냐"라고 물으십니다.

세상살이에 익숙한 니고데모에게 예수님은 하나님 나라에 대해 말씀하십니다. 우리는 보편적으로 두 가지 세상에 대해 알고 있습니다. '이 세상'과 '저 세상'입니다. '땅의 세상'과 '하늘의 세상'을 말합니다. '땅의 나라'가 있고 '하나님의 나라'가 있습니다. 우리는 이 세상에 속한 채 익숙하게 살아가고 있습니다. 그래서 저 세상에 대해 공연히 불안해합니다. 저 세상에 대해 아는 것이 아무것도 없기 때문입니다.

예수님은 니고데모에게 "이 세상 말고 저 세상에 대해 알고 있느냐"고 물으셨습니다. 니고데모는 저 세상에 대해 알 수 없기 때문에 불안한지도 모릅니다. 인간의 불안은 삶에 있지 않고 죽음에 있습니다. 그래서 인간은 저 세상에 대해 이야기하면 막연히 공포감을 느낍니다. 따라서 몸이 좀 많이 아프다 싶으면 죽는 줄 알고 어쩔 줄 몰라 합니다. 죽음에 대한 준비가 되어 있지 않기 때문에 저 세상에 대한 공포가 날로 심화되는 것입니다.

인간이 죽으면 아무것도 아닌 게 된다고 믿는 이들이 있습니다. 그렇다면 인간은 동식물과 다를 바 없는 존재일 것입니다. 천국도 영원도 없고 현재 삶만 있다면 굳이 도덕적·윤리적으로 살 필요가 없습니다. 그런데 왜 사람이 저 세상을 부인하고 나면 갑자기 불안해지는 걸까요? 또한 왜 사람에게는 영원을 사모하는 마음이 있을까요?

'영생'이 없다면 영생이란 말이 존재하지 않았을 것입니다. 사람이 '영생'이라는 단어를 사용하는 것은 영생이 있다는 방증입니다. '지옥'이라는 단어를 사용하는 것도 지옥이 있다는 방증입니다. 누구를 사랑하든 사랑하지 않든 '사랑'은 실재합니다. 누구를 미워하든 미워하지 않든 '미움'도 실재합니다. 사람은 죽음을 겪지 않으면서도 죽음에 대해 괴로워하며 몸부림칩니다. 만약 우리가 동식물이라면 죽음에 대해 괴로워할 필요가 없습니다. 그런데 우리는 인간이고 하나님을 의식하는 존재이므로 죽음에 대해 괴로워하는 것입니다. 인간은 죽음 후에 존재하는 세계에 대해 알지 못해 괴로워합니다. 영원으로 들어가는 문을 알지 못해 방황합니다. 인간은 영적인 존재이므로 현실의 삶에 만족하지 못합니다. 인간은 죽어서 천국이든 지옥이든 둘 중에 하나로 갈 수밖에 없는 존재입니다.

세상에 부모 없이 스스로 존재하는 인간은 없습니다. 부모 없는 인간이 없듯이 하나님 없는 인간도 없습니다. 하나님이 없는 것이 아니라 하나님을 잃어버린 것입니다. 천국이 없는 것이 아니라 천국을 잃어버린 것입니다. 피조물인 인간이 자기 본질을 잊었기에 인생이 허무하고 고독한 것입니다.

그래서 예수님은 '인생의 목표는 이 세상이 아니라 저 세상'이라고 말씀하십니다. 육신의 부모를 통해 이 땅에 태어났지만, 하나님에게서 다시 태어나야만 영원한 세계로 들어갈 수 있습니다. 하나님에게서 다시 태어나는 것이 바로 "거듭남"입니다.

예수님이 "누구든지 다시 태어나지 않으면 하나님 나라를 볼 수 없다"고 말씀하시자 니고데모가 충격을 받고 즉시 반응합니다.

나이가 들어 늙은 사람이 어떻게 다시 태어나겠습니까? 태어나려고 어머니의 뱃속으로 다시 들어갈 수 없지 않습니까?(요 3:4).

그가 아직 구원받지 못한 상태라는 것을 금방 알 수 있습니다. 그는 인간적으로 똑똑하지만 영적으로는 눈을 뜨지 못한 사람입니다. 부모한테서 태어나는 제1의 탄생은 알고 있으면서도 하나님한테서 태어나는 제2의 탄생에 관해서는 무지합니다.

교회를 얼마나 오래 다녔는지는 중요하지 않습니다. 얼마나 익숙한지도 중요하지 않습니다. 심지어 예수님을 믿는 가정에서 태어난 것도 별 의미가 없습니다. 그런 것으로 우리 구원이 결정되지 않습니다. 예수님의 말씀을 믿어야만 다시 태어날 수 있고, 그래야만 영생을 얻을 수 있습니다.

인간에게 제2의 탄생은 아주 중요한 것입니다. 예수님은 "진실로 진실로 네게 말한다. 누구든지 다시 태어나지 않으면 하나님 나라에 대해 알 수도, 볼 수도, 만질 수도 없다"고 말씀하십니다. 다

시 태어남이야말로 인생의 진정한 가치와 의미를 깨닫게 하시는
하나님의 크신 축복입니다.

15

하나님 나라를
보고 싶습니다

요한복음 3:5-8

높은 학식으로도 깨달을 수 없는 진리

이스라엘의 선생 니고데모가 "나는 당신이 하나님께로부터 오신 선생님인 것을 알고 있습니다. 하나님이 함께하시지 않으면 그런 표적들을 행할 수 없기 때문입니다"라고 고백하면서 인류 역사상 가장 위대한 질문을 던집니다. 바로 "예수님, 당신은 누구십니까?"입니다. 왜냐하면 예수님의 탄생으로 인해 달력이 기원전(BC)과 기원후(AD)로 나뉘었고, 역사상 예수님만큼 온 인류에 막대한 영향을 준 사람이 없기 때문입니다.

예수님께 이런 질문을 한 사람이 성경에 또 한 명 있습니다. 바로 사도 바울입니다. 바울은 신약성경 27권 중에서 13권을 기록할 만큼 지성을 갖췄고, 학문적인 훈련을 받은 사람이었습니다. 게다가 믿는 대로 행동하는 혁명가적 기질도 갖추고 있었습니다.

바울이 되기 전 사울은 예수님을 믿는 사람들을 체포하러 다메섹으로 가던 중에 빛으로 오신 예수님을 만나 고꾸라지며 눈이 멀게 됩니다. 그때 사울이 예수님께 물었습니다. "주여, 누구십니까?" 니고데모와 똑같은 질문을 한 것입니다. 주님은 "나는 네가 핍박하는 예수다"라고 말씀해 주셨습니다(행 9:5). 그때부터 사울은 바울이 되었고, 그의 인생에 엄청난 변화가 일어났습니다.

예수님은 니고데모의 질문에 "누구든지 다시 태어나지 않으면 하나님 나라를 볼 수 없다"고 대답하셨습니다. 이 말씀에서 두 가지 사실을 알 수 있습니다.

첫째, '다시 태어남'만큼 중요한 것은 없다는 것입니다. 기독교 사상을 한마디로 요약하면, '다시 태어남'이라고 할 수 있습니다. 다시 태어남은 하나님 나라로 들어가는 열쇠입니다.

둘째, 당시 유대 지성의 최고봉이었던 니고데모가 '다시 태어남'이란 말을 못 알아들었다는 것입니다. 그에게 예수님의 말씀은 생소한 것이었습니다. 거듭남은 예수님을 믿지 않는 사람들에게 주어진 말씀이라기보다 교회에 오래 다녀서 다시 태어났다고 착각하는 사람들에게 주어진 말씀이라는 점이 강하게 느껴집니다.

기독교 집안에서 태어나 가족들의 신앙생활을 꾸준히 지켜보기만 하고 다시 태어나지 않은 사람은, 오히려 나이 들어 예수님을 처음 믿은 사람보다 다시 태어나기가 더 어렵습니다. 차라리 무신론적 배경에서 자란 사람이 복음에 귀를 쫑긋 세우는 경우가 더 많습니다.

그래서 유대인들보다 이방인들이 예수님을 믿는 데 더 열심입니다. 유대인들은 율법과 종교에 너무 익숙해 있어서 기독교의 핵심 진리에 들어가지 못한 채 변죽만 울리고 있습니다. 진리의 주변을 맴돌고 있으면서도 스스로 하나님을 잘 믿고 성경을 잘 알며 율법에 익숙하다고 자랑하며 삽니다.

니고데모가 바로 그런 사람이었습니다. 예수님은 그에게 "지금까지 네가 생각하고 믿어 온 것은 진짜 신앙이 아니다"라는 충격적인 말을 하신 셈입니다. 우리도 예수님이 말씀하신 대로 자신이 정말로 다시 태어났는지 스스로 점검해 봐야 합니다.

다시 태어남, 즉 거듭남이란 무엇입니까? 다시 태어남의 헬라어 '아노델'에는 세 가지 뜻이 있습니다. 첫째, '처음부터', '시작'이라는 뜻이 있습니다. 둘째, '다시'라는 뜻이 있습니다. 셋째, '위로부터'라는 뜻이 있습니다. 세 번째 뜻이 아주 중요합니다. 즉 다시 태어남이란 위로부터 오는 것입니다. 우리는 이 땅에서 태어났지만, 하늘로부터 다시 태어나야 합니다. 육신의 부모한테서 태어나고, 또 하나님한테서 다시 태어나야 한다는 것입니다. 세 가지 뜻을 종합하면, 다시 태어남이란 '하나님으로부터 완전하게 다시 출발하는 것'이라고 할 수 있습니다.

내가 아닌 물과 성령으로

'다시 태어남'의 개념은 다른 종교나 철학에는 없고, 기독교에만 있는 독특한 진리입니다. 일반적으로 다른 종교들은 행위를 통해 구원받습니다. 그래서 선행을 많이 하고 일정한 의식을 치르며 수련을 통해 정진하기를 가르칠 뿐 근본적으로 다시 태어나야 한다고 가르치지는 않습니다.

특히 율법을 강조하는 유대교는 다시 태어남의 개념을 받아들이기가 더욱 힘듭니다. 지금까지 믿어 온 것은 잘못됐으니 모두 버리고 처음부터 다시 시작하라는 말씀이 그들로서는 수긍하기가 힘들었을 것입니다. 지금 하고 있는 것을 좀 더 잘하라면 쉽지만, 근본부터 잘못되었으니 다시 시작하라면 당황하게 됩니다. 여기서 우리는 거짓 종교와 참 종교, 거짓 믿음과 참믿음의 갈림길을 발견합니다.

목회를 하다 보니 교회 안에 있는 사람들이 다시 태어나기가 참 힘들겠다는 생각을 자주 하게 됩니다. 나는 부모님이 예수님을 믿어 어렸을 때부터 교회에 다녔지만, 예수님과 진실한 만남을 이루기가 쉽지 않았습니다. 개인적으로 충격적일 만큼 큰 사건을 겪지 않는 한 예수님과 진실하게 만나기가 너무 어렵다는 것을 경험했습니다. 구약의 율법으로 무장한 니고데모도 "다시 태어나야 한다"는 예수님의 말씀을 이해할 수 없었습니다.

사람이 다시 태어나는 것은 행위나 노력이나 종교적 습관에 달리지 않고, 물과 성령에 달려 있습니다. 즉 스스로 다시 태어날 수 없으며, 하나님의 선택을 받아야 다시 태어날 수 있습니다.

하나님이 우리를 사랑하지 않으시면, 우리는 하나님을 사랑할 수 없습니다. 우리가 먼저 하나님을 발견하고 사랑한 줄 알았는데, 우리가 하나님에 관해 전혀 모르고 있을 때 이미 주님이 우리를 택하시고 사랑하셨다는 사실을 깨닫는 순간 더 깊은 믿음으로 들어갑니다.

나는 찬송가 〈아 하나님의 은혜로〉(새찬송가 310장)를 좋아합니다. "아 하나님의 은혜로 이 쓸데없는 자 / 왜 구속하여 주는지 난 알 수 없도다"라는 가사 그대로 믿음은 은혜요 감동입니다. 개인의 의지와 노력으로 율법을 이루고 다시 태어난다면 스스로 자랑할 것이 많겠지만, 하나님의 은혜로 이뤄진 다시 태어남은 자랑할 것이 없습니다. 성령이 역사하고 인도하셨기에 하나님의 자녀로 다시 태어나는 것입니다.

"물과 성령"(요 3:5)에서 조사 "과"의 헬라어 '카이'는 '그리고'와 함께 '즉'이라는 뜻도 있습니다. '물과 성령'을 달리 표현하면 '물, 즉 성령'이라고 할 수 있습니다. 또 '물'의 헬라어 '휘도르'에는 '말씀'이라는 뜻이 있습니다. 따라서 사람은 '하나님의 말씀과 성령'으로 다시 태어나야 한다는 것입니다. 말씀과 성령으로 진정한 거듭남이 이루어집니다. 더 나아가 물은 씻는다는 의미에서 '회개'로도 해석할 수 있습니다.

사람은 첫째로 부모를 통해 육신으로 태어나고, 둘째로 성령을 통해 영으로 다시 태어납니다. 어미 닭이 알을 품어 병아리를 부화하듯, 하나님은 인간의 모든 죄악을 씻으시고 말씀으로 새롭게 하시어 성령으로 새 사람을 만들어 주십니다. 제1의 탄생에서 부모의 유전인자를 받듯이, 제2의 탄생에서는 하나님의 유전인자를 받습니다. 하나님이 다시 태어나는 사람의 죄의 유전인자를 없애 주시고, 영생의 유전인자를 심어 주십니다. 그래서 성령이 임하시면 죄성으로 부패했던 옛 사람이 스러지고, 성령의 새사람으로 거듭납니다.

사람은 자신의 태어날 시기나 지역이나 하다못해 성별도 어느 것 하나 스스로 선택할 수 없습니다. 영적인 탄생도 마찬가지입니다. 하나님은 개인의 영적 갈급함과 목마름을 통해 제2의 탄생을 주십니다. 그러므로 우리가 예수님을 믿어 영적으로 다시 태어나는 것은 전적으로 하나님의 은혜입니다.

믿음과 은혜는 언제나 동전의 양면과도 같습니다. 하나님이 우리를 찾아오시는 것이 은혜이고, 우리가 하나님께 나아가는 것이 믿음입니다. 하나님이 우리를 찾아오실 때 우리 마음속에 주님께로 다가가려는 갈망이 생깁니다. 이것이 바로 하나님이 우리를 낳아 주시는 과정입니다. 부모가 아기를 낳듯이 성령이 영적으로 우리를 낳아 주시는 것입니다.

다시 태어나는 사람은 자기 힘이 아닌 성령의 능력, 말씀의 능력을 받아 그 힘으로 살아갑니다. 이때 말로 표현할 수 없는 기쁨과 평안과 환희를 느낍니다. 비록 현실은 가난하고, 몸은 병들었어도 문제 되지 않을 정도로 삶에 의욕이 넘치고 비전이 생겨납니다. 하나님의 성령으로 새 생명을 소유했기 때문입니다.

그럼으로써 이전과 다른 삶을 살게 됩니다. 밤새도록 기도하고 찬양합니다. 감사와 기쁨의 눈물이 하염없이 흘러내립니다. 날마다 설레는 마음으로 성경을 읽습니다. 세상이 주는 것과 다른 새로운 비전이 내면에서 움트고, 희망과 기쁨이 샘솟습니다. 성경을 읽고, 기도를 하고, 찬송을 부를수록 마음이 더욱 간절해집니다. 이것이 바로 영적 기적이요, 다시 태어남입니다.

성령으로 말미암지 않고는

예수님의 말씀을 들은 니고데모가 멍한 얼굴로 쳐다보자 예수님이 좀 더 설명해 주십니다.

> 육체에서 난 것은 육체이고 성령으로 난 것은 영이다. '다시 태어나야 한다'라고 말한 것을 너희는 이상히 여기지 말라(요 3:6-7).

개는 개를 낳고, 소는 소를 낳으며 원숭이는 원숭이를 낳을 뿐 사람을 낳을 수 없습니다. 종(種)이 다른 새끼를 낳는 법은 없습니다. 마찬가지로 육을 아무리 훈련시켜도 영이 되지는 않습니다. 인간은 인간이고 하나님은 하나님인 것처럼, 육은 육이고 영은 영입니다. 흔히 사람들은 "열심히 하면 된다. 산에 가서 백일기도를 하면 된다. 금식하면 된다"고 말하지만 그것은 불가능한 일입니다. 오히려 예수님은 종교적인 노력을 포기하지 않으면, 다시 태어남의 진리를 깨달을 수 없다고 말씀하십니다. 종교적인 훈련과 노력,

열심 등을 믿음으로 착각한다면 더욱 허무하고 괴로워질 뿐입니다.

인간 안에 있는 죄성과 허구, 더러운 것을 교양이나 지성으로 감싸도 소용이 없습니다. 인간 안에 있는 본성은 변하지 않기 때문입니다. 육의 본성을 완전히 없애지 않은 채로 영적으로 다시 태어난다는 것은 불가능한 일입니다. 옛 사람을 죽이지 않고 새사람 되기를 기대하는 것은 자신에 대한 기만입니다.

> 바람은 불고 싶은 대로 분다. 너는 그 소리를 듣지만 바람이 어디서 오는지, 어디로 가는지 알지 못한다. 성령으로 태어난 사람도 모두 이와 같다(요 3:8).

다시 태어남이 개인의 인격적 성숙을 의미하지는 않습니다. 여인이 아기를 낳는 일이 성숙한 인격이나 고상한 지성과 상관없는 것처럼 말입니다. 사람은 성령으로 말미암지 않고서는 다시 태어날 수 없습니다. 수영을 아무리 잘해도 한강이나 현해탄 정도를 건널 수 있을 뿐, 태평양을 건널 수는 없습니다. 태평양을 건너려면 배나 비행기를 이용해야 합니다. 마찬가지로 죄에서 구원받으려면 하나님의 성령과 말씀에 올라타야 합니다. 그래야 다시 태어날 수 있습니다. 다시 태어난 사람만이 하나님 나라를 볼 수 있고, 그 나라에 들어갈 수 있다는 영적 진리를 깨달아야 합니다.

16

묻고 또 물어도
부끄럽지 않습니다

요한복음 3:9-13

다시 태어남이란 시작점을 다시 찍는 것

살아가면서 이런 질문을 받아 본 경험이 한 번쯤 있을 것입니다.

"당신은 구원받았습니까?"

만약 "교회에 다니십니까?"라는 질문을 받았다면, 쉽게 대답하 겠지만, 구원받았느냐는 질문에는 쉽게 대답하지 못하는 사람이 많습니다. 구원에 관해 분명히 알지 못하면, 이런 질문을 받고 당황 하는 것이 당연합니다. 예수님을 믿는 집안에서 태어나 어렸을 때 부터 교회에 다녔다고 대충 얼버무리고 맙니다. 또는 "당신은 죽으 면 천국에 간다는 확신이 있습니까?"라는 질문을 받으면 주뼛주뼛 하면서 죽어 봐야 알겠다며 슬그머니 꽁무니를 뺄 것입니다.

"당신은 다시 태어났습니까?"라는 질문은 어떻습니까? 자신의 구원과 다시 태어남에 관해 알지 못하면 어떻게 대답해야 할지 몰 라 난감할 것입니다. 왜 우리는 교회에 다니고 예수님을 믿으면서 도 다시 태어남에 관해 확신하지 못하는 것일까요?

그 이유는 간단합니다. 물과 성령으로 다시 태어나지 않았기 때 문입니다. 다만 습관적으로, 종교적으로, 인간적으로 자신이 다시 태어난 것으로 여기고 있기 때문입니다.

예수님은 물과 성령으로 다시 태어나야 진정한 거듭남이라고 말씀하십니다. 우리는 다시 태어남에 관한 오해를 점검해 봐야 합니다. 첫째, 종교적인 의식이나 인간적인 노력, 세상적인 지식으로는 다시 태어날 수 없습니다. 재미있는 것은 세상의 어떤 종교에도 다시 태어남의 진리가 없고, 오직 기독교에만 있다는 것입니다. 다른 종교에는 부활의 개념이 없습니다. 그만큼 기독교는 독특하고 차별성이 있으며 유일합니다.

성탄절 때 불교 측에서 '축 성탄'이란 현수막을 내건 것을 보았습니다. 이런 일이 불교에선 가능합니다. 불교는 진리에 이르는 길이 여러 가지라고 주장하고 있기 때문입니다. 하지만 기독교는 예수님 외에 구원이 없다는 진리를 갖고 있습니다.

둘째, 물과 성령으로 다시 태어나는 것은 인간의 의지나 선행, 지식으로 이해할 수 없습니다. 물과 성령으로 말미암아 다시 태어난다는 것은 지금까지 살아온 인생의 뿌리가 잘못되었음을 깨닫고 죄를 고백하고 과거의 죄악과 허물을 떨쳐 내버린다는 뜻입니다.

세상의 모든 종교는 자기 발전에 목적을 두는 경향이 있습니다. 그러나 기독교는 인간의 자아가 꺾이는 데 그 본질이 있습니다. 인간의 본성은 아무리 수행을 정진한다고 해도 변하지 않으며, 내면의 죄성을 끊어 버려야 변합니다. 이에 대해 성경은 "육체를 십자가에 못 박지 않고서는 자유롭지 못하다"고 말합니다.

저주와 죽음과 심판에 뿌리내리고 있던 인생을 하나님, 예수님,

성령, 영혼, 구원, 천국에 재차 뿌리내리지 않는다면 '팥 심은 데 팥 나고 콩 심은 데 콩 나는' 인생일 수밖에 없습니다. 신앙이란 하던 일을 발전시켜 나가는 것이 아니라 근본부터 고쳐 나가는 것입니다. 출발 지점을 새롭게 정하는 것입니다. 땅에서의 시작이 아니라 하늘에서 시작하는 것이며, 세상에서의 시작이 아니라 하나님으로부터의 시작입니다.

성령으로 다시 태어난다는 것은 성령의 임재와 다스림을 느끼는 동시에 위로부터 성령의 기름 부으심과 같은 축복을 누리는 것입니다. 성령의 임재를 어떤 사람은 불로 경험하고, 어떤 사람은 바람으로 경험하기도 합니다.

우리는 하나님 말씀과 성령으로 죄의 뿌리가 끊어지고 자아가 죽는 경험을 할 때 다시 태어나게 됩니다. 죽어야 부활이 있는 것처럼 옛 사람이 죽어야 새롭게 다시 태어남이 있습니다. 그리고 다시 태어남을 경험할 때 새 하늘과 새 땅이 열리고 예수님을 믿는 진정한 기쁨의 경지를 느끼게 됩니다. 누가 뭐라고 하든 하나님에 대한 확실한 믿음을 갖게 됩니다. 세상의 어떤 유혹에도, 어떤 어려움에도 흔들리지 않는 믿음을 갖게 됩니다. 그리고 영적 평안함과 자유를 느끼게 됩니다. 물과 성령으로 다시 태어남은 확실하고 분명한 결과를 낳습니다.

이해할 수 없으니 신비요 기적이다

다시 태어남은 누구나 경험할 수 있습니다. 그 이유는 다음과 같습니다. 첫째, 다시 태어남은 스스로 만드는 것이 아니라 하나님이 예비해 두신 것이기 때문입니다. 하나님은 인간을 다시 태어나게 하시려고 독생자 예수 그리스도를 이 땅에 보내 주셨습니다. 그리고 예수님은 인간이 치러야 할 저주, 심판, 고통을 대신 담당하고 십자가에서 피 흘려 돌아가심으로써 구원의 역사를 완성하셨습니다. 이를 누구든지 믿기만 하면, 예수님을 바라보기만 하면 다시 태어남의 비밀을 깨달을 수 있습니다. 성경은 "주의 이름을 부르는 사람은 누구든지 구원을 받을 것이다"(롬 10:13)라고 말합니다.

둘째, 다시 태어남은 믿음으로 이루어지는 것이기 때문입니다. 하나님이 다시 태어남의 은혜를 예비해 두셨더라도 각 개인은 자신의 것으로 삼아야 하는 숙제를 안고 있습니다. 그 사실을 믿고 마음속으로 받아들여야 한다는 것입니다.

어찌 보면 구원이란 말도 안 되는 이야기 같기도 합니다. 2,000년 전에 유대의 한 청년이 십자가에서 죽은 것을 믿음으로써 모든 인간이 죄를 용서받는다니, 현대 교육을 받은 사람들에게는 상식적으로 쉽게 이해되지 않습니다. 예수님을 바라고 그 이름을 부르기만 해도, 예수님을 마음속에 받아들이기만 해도 하나님이 예비하신 다시 태어남의 축복을 무조건 받게 된다고 하니 말입니다. 그러나 이처럼 황당한 이야기는 사실이고 역사이며 진리입니다. 우리 몸이 의지와 상관없이 부모에게서 태어났듯이, 우리의 영 또한 의지와 상관없이 하나님의 뜻 안에서 다시 태어납니다. 하나님은 우리를 선택하여 사랑하기로 작정하셨습니다. 그분께서 부르시지 않았다면 우리는 대답할 수도 없고 존재할 수도 없습니다. 우리가 예수님을 믿고 교회에 나와 예배를 드린다는 것 자체가 기적 중의 기적입니다.

교회에 나오는 사람들을 대개 네 종류로 나눌 수 있습니다. 첫째, 친구나 가족의 권유로 마지못해 나오는 사람입니다. 둘째, 마음이 울적해 기분 전환용으로 오는 사람입니다. 외롭고 또 되는 일도 없고 해서 누군가에게 의지하고 싶은 마음으로 나오는 것입니다. 셋째, 어렸을 때부터 습관적으로 교회에 나오는 사람입니다. 교회에 오지 않으면 뭔가 어색하게 느껴져 예배 중에 졸더라도 눈도장을 찍으러 오는 것입니다. 넷째, 진짜 다시 태어남의 진리를 깨닫고 너무 좋아서 나오는 사람입니다.

니고데모는 비록 하나님의 선택을 받은 사람이지만 예수님이 말씀하시는 것을 이해할 수도 없었고 믿을 수도 없었습니다. "아니, 어떻게 그런 일이 있을 수 있단 말입니까?"라는 것이 니고데모의 신앙 수준입니다.

예수님은 육은 영을 이해하지 못하므로 영적인 다시 태어남에 대해 기이하게 여기지 말라고 말씀하십니다. "육체에서 난 것은 육체이고 성령으로 난 것은 영이다. '다시 태어나야 한다'라고 말한 것을 너희는 이상히 여기지 말라"(요 3:6-7). 그리고 "바람은 불고 싶은 대로 분다. 너는 그 소리를 듣지만 바람이 어디서 오는지, 어디로 가는지 알지 못한다. 성령으로 태어난 사람도 모두 이와 같다"(요 3:8)라며 비유를 통한 보충 설명까지 곁들이십니다.

바람이 불 때 우리가 느끼는 것이 있습니다. 첫째, 바람의 강도입니다. 우리는 바람의 강약을 조절해 가면서 불게 할 수 없습니다. 우리의 뜻과 상관없이 바람은 임의로 붑니다. 마찬가지로 성령도 임의로 역사하십니다. 둘째, 바람이 부는 방향입니다. 우리가 바람의 방향을 알지 못한다는 것은 곧 신비스럽다는 뜻입니다. 다시 태어남이란 인간의 노력으로 얻어지는 것이 아니라 하나님께서 주관하시는 신비로운 것입니다.

그러므로 사람이 다시 태어남으로써 구원받는다는 것을 깨닫는 것 자체가 기적입니다. 이런 진리에 대해 어떤 사람은 깨닫고, 어떤 사람은 깨닫지 못하는 차이가 있을 뿐입니다. 성령의 역사하심으로 다시 태어남의 비밀을 깨닫고 구원을 받아 우리가 교회에 나오는 것입니다.

우리는 이미 다시 태어남과 구원받은 사실을 발견하고 깨달은 하나님의 자녀들입니다. 하나님은 오늘에서야 우리를 사랑하신 것이 아니라 이미 오래전부터 사랑하셨습니다. 이제 우리는 과거에 있었던 일을 충분히 해석하고도 남게 되었습니다. 우리가 지금까지 무사히 지내온 것 역시 하나님이 오래전부터 함께하신 은혜임을 깨달아야 합니다.

하나님이 우리의 눈을 가려 주시고 귀를 막아 주시고 보호해 주셔서 아무 탈 없이 여기까지 올 수 있었던 것입니다. 마치 과학자가 새로운 원리를 발견한 것처럼 살아 계신 하나님의 섭리와 경륜, 인도, 사랑에 눈을 뜨면 감사함이 넘쳐 잠을 이루지 못하게 됩니다.

니고데모는 예수님의 말씀을 듣고 서서히 반응하기 시작합니다. 니고데모가 "어떻게 이런 일이 있을 수 있습니까?"(요 3:9)라고 예수님께 물은 것입니다.

니고데모는 예수님이 말씀하신 다시 태어남에 대해 영원히 깨닫지 못하게 된 것일까요? 요한복음 7장 50-51절 말씀에서 당시 대제사장과 바리새파 사람들의 조종을 받은 경비병들이 예수님과 논쟁을 벌인 후 아무 성과도 없이 빈손으로 돌아와 추궁당하고 있을 때, 바리새파 가운데 한 사람이 나서서 예수님을 위해 변론하는데, 그가 바로 니고데모입니다. 그는 예수님을 찾아왔을 때는 말씀을 이해하지 못했지만, 그 이후 계속 예수님의 말씀과 기적을 보고 들으며 차츰 깨닫고 변화되었던 것입니다.

하늘의 것이 믿어지다

지금 당장 예수님의 말씀을 이해할 수 없고 깨닫지 못하더라 계속 말씀을 읽고 묵상해야 합니다. 그러다 보면 어느 날 물과 성령으로 다시 태어나면서 모든 말씀을 깨닫게 되고, 기적을 볼 수 있게 됩니다. 성령이 계속 말씀을 듣고 상고하는 사람을 바람처럼 만져 주실 것입니다. 때로 강하게 때로 약하게, 때로 태풍으로 때로 침묵으로 만지시면서 분명히 변화시켜 주실 것입니다.

요한복음 19장 39-42절 말씀을 보면, 니고데모의 변화를 볼 수 있습니다. 즉 예수님이 십자가에 못 박혀 죽으신 후 니고데모는 그분의 시신을 넘겨받아 유대의 장례법에 따라 값비싼 향품과 함께 고운 삼베로 감싸고 안장합니다.

마찬가지로 지금은 목석같은 사람일지라도 말씀을 꾸준히 듣다 보면, 어느 날 갑자기 진리의 말씀을 깨닫고 눈물로 회개하며 스스로 교회에 나오는 기적이 일어날 것입니다. 이것은 죽은 자가 다시 살아난 것과 같은 부활의 기적이라고 말할 수 있습니다.

세상이 변해도 자신은 절대 변하지 않을 것이라고 주장하는 사람이 있습니까? 그 사람에게 이렇게 묻겠습니다. "당신은 하나님보다 힘이 셉니까?" 하나님은 분명히 살아 계시기 때문에 믿는 사람들은 모두 다시 태어나는 은혜를 받게 될 것입니다.

예수께서 말씀하셨습니다. "너는 이스라엘의 선생이면서도 이런 일을 이해하지 못하느냐? 내가 진실로 진실로 네게 말한다. 우리는 아는 것을 말하고 본 것을 증거하는데 너희는 우리 증거를 받아들이지 않고 있다"(요 3:10-11).

니고데모가 예수님의 말씀을 이해하지 못한 원인은 한마디로 그의 불신앙에 있습니다. 예수님이 "우리는 아는 것을 말하고 본 것을 증거한다"라고 말씀한 것은 곧 믿음을 가리킵니다. 그리스도 인의 신앙 공동체는 예수님이 다시 오실 때까지 영원히 변치 않고 진리를 지킵니다. 진리의 말씀을 위해 순교도 불사합니다. 진리의 말씀보다 더 큰 힘이 없기 때문입니다. 진리의 말씀을 지키는 일이 믿음이고 신앙입니다.

> 내가 땅의 것을 말해도 너희가 믿지 않는데 하물며 하늘의 것을 말 하면 어떻게 믿겠느냐? 하늘에서 내려온 사람, 곧 인자 외에는 하늘 로 올라간 사람이 없다(요 3:12-13).

이 말씀으로 말미암아 니고데모는 서서히 진리에 눈을 뜨기 시 작합니다. 누가 시키지 않아도 스스로 증거하고 찬양하며 두 손을 들고 주님 앞으로 나아가기 시작합니다.

우리는 보고 듣고 아는 것을 증거해야 하는데, 곧 하늘에서 내려 오셔서 하늘로 올라가신 예수 그리스도에 대해 증거해야 합니다. 그분이 다시 태어남의 실체요, 구원의 요체입니다. 다시 태어남의 신앙 고백을 하게 되길 축원합니다.

17

나를 위해 높이
들리셨습니까?

요한복음 3:14-16

바라봄에 구원이 있다

성경 말씀을 송두리째 녹여 한 구절로 만든다면, 아마 이 말씀이 나올 것입니다.

> 하나님께서 세상을 이처럼 사랑하셔서 외아들을 주셨으니 이는 그를 믿는 사람마다 멸망하지 않고 영생을 얻게 하려는 것이다(요 3:16).

성경에서 가장 많이 읽히고 암송되는 말씀입니다. 선교 현장에서도 현지어로 가장 먼저 번역되는 말씀이기도 합니다.

요한은 예수님 안에 생명이 있다고 말합니다. 그리고 그 생명은 사람들의 빛입니다(요 1:4). 생명의 빛을 가진 사람은 그 생명을 이웃에게 나눠 줍니다. 이웃에게 사랑을 나눠 주지 못하는 것은 사랑을 받아 본 경험이 없기 때문입니다. 지식이 있다고 이웃을 더욱 사랑하는 것은 아닙니다. 돈이 많고 건강하다고 해서 남을 더욱 사랑할 수 있는 것은 아닙니다. 그 안에 생명의 빛이 있어 예수 그리스도의 사랑이 흘러넘칠 때 비로소 이웃에게 사랑을 전할 수 있습니다.

예수님을 향한 믿음의 본질을 잘 이해하려면, 말씀을 정확하게 알 필요가 있습니다. 사도 요한은 요한일서에서 "내가 하나님의 아들의 이름을 믿는 여러분에게 이것들을 쓴 것은 여러분이 영원한 생명을 갖고 있다는 것을 알게 하기 위함"(요일 5:13)이라고 말했습니다.

예수님의 영원한 생명을 우리 안에 모시려면 어떻게 해야 할까요? 예수님은 "모세가 광야에서 뱀을 들어 올린 것같이 인자도 들려야 한다. 그것은 그를 믿는 사람마다 영생을 얻게 하려는 것이다"(요 3:14-15)라고 말씀하십니다.

예수님은 사람 안으로 생명이 들어가는 것을 설명하기 위해 구약 시대에 있었던 한 사건을 예로 드십니다(민 21:4-9). 하나님은 이스라엘 백성들을 이집트에서 탈출시켜 홍해를 건너게 하신 뒤 먹을 것은 물론이고 식수마저 부족한 척박한 광야에서 강하게 훈련시키셨습니다. 우리는 고난을 당할 때 하나님이 연단시키시는 것으로 이해하고 순종해야 합니다. 고난이 없으면 영광도 없습니다.

그러나 광야의 이스라엘 백성들은 그 사실을 깨닫지 못하고, 하나님과 모세가 자신들을 괴롭히기 위해 이집트에서 불러냈다면서 원망하기 시작했습니다. 이쯤에서 우리가 이상하게 생각하는 것은 홍해가 갈라지는 기적을 직접 체험한 이스라엘 백성들이 고난에 처하게 되자 하나님의 은혜를 곧 잊어버렸다는 사실입니다. 이렇듯 인간은 작은 고난 앞에서 큰 축복을 곧잘 잊어버립니다.

이스라엘 백성들은 하나님과 모세에게 대들기 시작했습니다.

그래서 하나님은 독사를 보내 이스라엘 백성을 물어 죽게 하셨습니다. 그제야 그들은 정신을 차리고 교만과 불신앙을 깨달았습니다. 하나님을 신뢰하지 못하고 연단 받는 것을 오히려 상처를 주는 것으로 생각해 소리 지르고 원망한 잘못을 뉘우쳤습니다. 그리고 모세를 찾아가 잘못했으니 하나님께 중보기도를 해서 살려 달라고 간청했습니다.

그러자 하나님이 매우 신비로운 방법으로 응답해 주셨습니다. 모세에게 청동으로 뱀을 만들어 장대 위에 매달아 놓으면 그 뱀을 바라보는 사람은 모두 살 거라고 말씀하신 것입니다. 그래서 모세는 청동으로 만든 뱀을 장대 위에 매달아 독사에 물린 백성들이 바라보도록 했습니다. 그 덕분에 모두 살아났습니다.

하나님이 상식에 맞지 않는 이상한 방법으로 독사에 물린 이스라엘 백성들을 살리신 이유는 무엇일까요? 그것은 장차 인류의 죄문제를 해결하기 위해 예수 그리스도께서 이 땅에 오셔서 십자가에 매달려 피 흘려 죽으실 것이니, 십자가에 매달리신 예수님을 바라보는 사람은 누구든지 구원을 얻으리라는 진리를 미리 예표하신 것입니다.

이에 관해 요한은 하나님이 "세상을 이처럼 사랑하셔서 독생자를 주셨으니 이는 그를 믿는 사람마다 멸망하지 않고 영생을 얻게 하려는 것"(요 3:16)이라고 복음의 핵심을 요약합니다.

십자가의 높이와 깊이와 넓이를 보라

다시 태어나면 하나님 말씀이 믿어지고 깨달아집니다. 그러므로 누구든지 예수 그리스도를 구세주로 믿고 마음에 영접한다면 요한복음 3장 16절 말씀의 기적을 체험하게 될 것입니다.

이 말씀을 다른 각도에서 묵상해 보면, 그 뜻이 더욱 분명해집니다. 우선, 구원의 주체가 '하나님'이심을 알 수 있습니다. 창세기 1장 1절에 보면 "하나님께서 태초에 하늘과 땅을 창조하셨습니다"라고 말합니다. 인간에게 문제가 있다면, 하나님을 대신해 스스로 주인이 되려고 한다는 점입니다. 인간이 역사를 주관하려는 것입니다. 이것은 하나님 말씀과 정반대되는 일입니다. 우리는 하나님이 인간의 주인이 되시고 그 역사를 주관하신다는 사실을 분명히 인식해야 합니다.

구원의 주체는 누구십니까? '하나님'입니다. 그러면 구원의 대상은 '세상'이 되는 것입니다. 세상은 곧 하나님의 백성을 가리킵니다. 그러므로 구원의 주체와 대상을 바꿔 버릴 때 타락이 찾아옵니다. 하나님이 세상을 사랑하신 것이지, 세상이 하나님을 사랑한 것이 아니기 때문입니다.

또한 구원의 높이, 깊이, 넓이, 크기는 어느 정도일까요? "이처럼"입니다. 예수님이 십자가에 못 박히신 그림이 들어 있는 액자에 이런 글이 씌어 있는 것을 본 적이 있습니다. "How much do you love me?"(나를 얼마나 사랑하나요?), "This much"(이만큼), 즉 예수님이 인류를 구원하시기 위해 십자가에 매달려 죽을 만큼 사랑하신다는 것을 보여 줍니다. 따라서 십자가는 하나님 사랑의 높이와 깊이와 넓이와 크기를 상징합니다.

하나님이 인간을 구원하신 동기는 사랑입니다. "하나님께서 세상을 이처럼 사랑하셔서"(요 3:16) 우리를 구원하십니다. 하나님이 너무나 사랑하는 인간을 구원하시는 방법은 외아들 예수 그리스도를 이 땅에 보내시는 것이었습니다. 하나님은 가장 아끼고 사랑하시는 아들을 인간에게 주셨습니다.

그런데 하나님의 지극하신 그 사랑을 받을 수 있는 조건은 그분에 대한 '믿음'입니다. 하나님이 아무리 큰 사랑을 베푸셨더라도 인간이 그것을 받아들이지 않는다면 아무 소용없는 것입니다.

죄에 빠진 인간을 구원하시기 위한 하나님의 사랑은 놀랍고 위대합니다. 사람이 하나님의 은혜로 구원받았다고 해서 예수님을 위해 뭔가 해야 하는 것은 아닙니다. 이미 예수님이 구원의 대가를 완전하게 치르셨으므로 인간이 할 수 있는 일은 아무것도 없습니다. 다만 구원받은 사람들은 하나님이 약속하신 축복을 누리기만 하면 됩니다.

우리는 오직 한 가지 일을 해야 합니다. 하나님이 우리를 사랑하신 것같이, 이웃을 사랑하는 것입니다. 하나님은 우리에게 멋진 인생을 살라고 하면서 이웃을 축복하라고 권고하십니다. 할렐루야! 이것이 구원받은 사람의 삶입니다.

믿는 사람 누구에게나

그리스도인과 교회가 세상을 위해 해야 할 가장 중요한 일은 예수님의 사랑을 나눠 주고 전함으로써 세상을 변화시키는 것입니다.

하나님의 구원 방법은 외아들 예수 그리스도를 이 땅에 보내시는 것이요, 인간이 구원받을 길은 예수님을 믿는 믿음입니다. 그러므로 "그를 믿는 사람마다" 구원을 받을 것입니다. 구원의 조건은 '지식이 있느냐 없느냐'가 아닙니다. '부자인가 아닌가'도 아닙니다. 오로지 '예수 그리스도를 믿느냐 믿지 않느냐'입니다.

"당신은 예수님을 믿습니까?"라고 말하지 "당신은 예수님을 아십니까?"라고 말하지 않습니다. 사람은 예수님을 아는 것으로 구원받을 수 없습니다. 반드시 예수님을 구세주로 믿어야 구원받을 수 있습니다. 하나님은 너무나 크신 분이므로 인간의 지식을 갖고 그분의 모든 것을 알 수 없기 때문입니다. 인간이 하나님을 알려고 하는 것은 어찌 보면 큰 오만일 수도 있습니다.

세상 사람은 이성적으로 이해가 되어야 하나님을 믿을 수 있다고 말하는데, 그것은 잘못된 생각입니다. 인간의 지식과 경험으로는 하나님을 알 방법이 없기 때문입니다. 우리는 하나님에 관해 그분이 보여 주신 것만큼 알 수 있을 뿐입니다. 인간은 하나님을 경배하고 찬양할 뿐이지, 그분을 이해의 대상으로 삼을 수 없습니다. 따라서 하나님이 인간에게 허락하신 구원의 방법도 오직 믿음뿐인 것은 대단히 합리적이라고 생각합니다. 인간은 겸손하게 무릎을 꿇고 하나님께 경배하고 찬양하며 그분을 신뢰해야 합니다.

하나님 편에서 인간을 구원하시는 방법은 외아들 예수 그리스도를 이 땅에 보내어 십자가에서 희생 제물로 삼으신 것입니다. 그에 대한 결과가 두 가지 있습니다. 하나는 소극적인 결과로 세상을 멸망시키지 않는 것입니다. 적극적인 결과로는 세상이 영생을 얻게 되는 것입니다. 이 사실을 믿고 받아들인다면, 다시 태어남의 비밀을 이미 안 것이나 다름없습니다.

당신은 진정 다시 태어났습니까? 도덕적으로 미숙하고 신앙의 경륜이 짧은 것은 그리 중요하지 않습니다. 무엇보다 당신 안에 영원한 생명을 소유하는 것이 급선무이고, 그것이 가장 중요한 일입니다.

다시 태어남은 신앙의 기초입니다. 우리는 신앙의 기초를 튼튼하게 잘 다져야 합니다. 그래서 다시 태어남의 비밀을 풀고 하나님의 자녀가 되어 그 위에서 큰 믿음을 키워야 합니다. 하나님은 세상의 모든 사람을 사랑하고 계십니다.

18

어둠을 미워하고
빛을 사랑합니다

요한복음 3:17-21

하늘을 두루마리 삼고 바다를 먹물 삼아도

하나님의 사랑과 인간의 사랑은 근본적으로 다릅니다. 인간의 사랑에는 불화가 끊이지 않습니다. 서로를 향한 사랑의 감정과 열정이 있어도 다툼이 계속 일어나는 이유는 인간의 사랑은 늘 변하기 때문입니다. 지금은 사랑해도 내일도 사랑할지는 미지수입니다.

어떤 부부가 안타깝게도 이혼하게 되었습니다. 아내가 이혼을 처음 요구할 때, 남편은 받아들이지 않았습니다. 아내를 너무나 사랑했기 때문입니다. 남편은 그동안 아내에게 많은 것을 주었고, 아내를 위해 최선을 다했다고 자신 있게 말했습니다. 그러나 아내의 생각은 달랐습니다.

"당신은 내게 많은 것을 주었지요. 하지만 내게 꼭 필요한 한 가지는 주지 않았어요. … 바로 당신 자신이요."

사람들은 서로에게 좋은 것을 주면서 사랑한다고 고백합니다. 정말로 중요한 것은 주지 않으면서 다른 많은 것을 주고는 충분히 사랑했다고 착각합니다. 인간이 생각하는 사랑은 주는 것이 아니라 받는 것입니다. 자기를 희생하기보다는 다른 사람의 희생을 강요해서라도 얻는 것이 사랑입니다.

반면에 하나님의 사랑은 모든 것을 내어 주는 사랑입니다. 하나님은 늘 가장 소중하고, 가장 좋은 것으로 인간을 사랑하십니다. 심지어 우리에게 구원을 주기 위해 외아들 예수 그리스도를 십자가에서 희생시키실 정도로 우리를 사랑하십니다.

나는 성경의 어떤 구절보다도 요한복음 3장 16절 말씀을 가장 좋아합니다. 신실하고 변함없는 하나님의 사랑이 이 말씀에 잘 표현되어 있기 때문입니다. 또한 이 말씀이 '다시 태어남'을 보여 주는 실체이기 때문입니다. 이 말씀을 믿고 마음속에 받아들일 때, 다시 태어남의 역사가 일어납니다. 하나님의 사랑을 확인하고 나니 자기 안에서 어떤 변화가 일어나는 것을 경험해 보지 않았습니까? 그것을 가리켜 '다시 태어남'이라고 합니다.

그런 의미에서 다시 태어남의 주체는 사람이 아닌 하나님이십니다. 다시 태어남에 부담감을 느끼는 사람이 많은 이유는 다시 태어나는 것조차 자기 힘으로 해 보려고 들기 때문입니다. 하지만 다시 태어남은 오로지 하나님의 은혜로 이루어집니다.

〈그 크신 하나님의 사랑〉(새찬송가 304장)을 부를 때마다 요한복음 3장 16절이 떠오릅니다. 특히 3절 가사를 한번 보십시오.

"하늘을 두루마리 삼고 바다를 먹물 삼아도 / 한없는 하나님의 사랑 다 기록할 수 없겠네 / 하나님의 크신 사랑 그 어찌 다 쓸까 / 저 하늘 높이 쌓아도 채우지 못하리 / 하나님 크신 사랑은 측량 다 못하며 / 영원히 변치 않는 사랑 성도여 찬양하세."

표현이 얼마나 기막힌지 모릅니다. 하나님의 사랑을 아주 잘 묘사하고 있습니다.

하나님의 사랑에는 세 가지 특징이 있습니다. 첫째, 위대한 사랑입니다. 둘째, 구원하시는 사랑입니다. 셋째, 외아들을 내어 주시는 사랑입니다.

하나님의 사랑이 응축된 선물이 바로 구원입니다. 하나님은 우리가 태어나기 전부터, 아니 태초부터 이 선물을 우리에게 주려고 예비하셨습니다. 더 중요한 것은 하나님의 선물, 즉 구원이 우리에게 꼭 필요하다는 사실입니다.

다시 태어남과 구원에 관해 불안해하거나 의심할 필요는 없습니다. 다시 태어남과 구원은 받는 사람의 문제가 아니라 주시는 분의 문제이기 때문입니다. 그러므로 절대적으로 안심해도 좋습니다. 하나님이 예비해 두신 선물을 받기만 하면 됩니다.

신앙생활에서 하나님께 감사와 찬양이 필수인 이유는 스스로 노력해서 구원을 얻는 것이 아니라 오직 은혜로 받은 것이기 때문입니다. 그래서 구원받은 사람들이 감사의 눈물을 흘리고, 감동의 기쁨을 느끼는 것입니다.

세상은 이미 죄와 저주로 심판받았다

하나님이 독생자를 이 땅에 보내신 목적을 분명히 알아야 합니다. "세상을 사랑하셔서"입니다. 예수 그리스도께서는 세상을 심판하기 위해 이 땅에 오신 것이 아니라 이미 죄와 저주로 심판받은 세상을 구원하기 위해 오셨습니다.

부모가 자녀를 야단치는 것은 자녀를 버려 놓기 위해서 아니라 자녀를 얻기 위해서입니다. 그와 마찬가지로 인생에서 일어나는 많은 일과 이해할 수 없는 고난과 힘겨운 사건들은 하나님이 우리를 파멸시키려고 주시는 것이 아니라 구원하기 위해 주시는 것임을 깨달아야 합니다. 이런 의미에서 이 땅에서 우리가 겪고 있는 모든 고난과 환난과 질병을 희망으로 바꿀 수 있습니다.

인간은 하나님의 사랑 앞에서 두 가지로 반응합니다. 하나님의 사랑을 믿고 받아들이거나 그 사랑을 믿지 않고 거부해 버리는 것입니다. 그 결과는 하늘과 땅 차이입니다. 부부 사이도 서로 사랑을 받아주지 않으면 결국 갈라서게 마련입니다. 사랑할 사람을 사랑하지 않으면, 그 죄가 저주로 바뀝니다.

하나님의 사랑을 받아들이지 않는 죄는 어떻게 될까요? 심판이라는 무서운 결과를 감당해야 합니다. 그러나 하나님의 절대적인 사랑을 받아들이는 사람에게는, 완전하고 영원한 구원을 받아들이는 사람에게는 정죄함이 없습니다. 정죄함이 없으니 심판도 없습니다.

심판에 관해 잘 생각해 봐야 합니다. 예를 들어, 검찰에서 죄를 기소합니다. 그때까지는 별문제가 없습니다. 그러나 재판에서 형이 선고되어 확정되면 모든 것이 끝나 버립니다. 인간의 죄악에 대한 하나님의 심판은 이미 선고가 내려졌습니다. 하나님의 사랑을 받아들이지 않는 한, 인간은 계속해서 죄인에 머물 수밖에 없으며, 결국 선고를 받게 됩니다. 하지만 하나님의 사랑을 믿고 받아들인다면, 특별 사면이 내려지고 완전한 복권이 이루어집니다. 이 것이 성경의 진리입니다.

> 여러분 또한 여러분의 허물과 죄로 죽은 사람들이었습니다. 그때 여러분은 이 세상 풍속을 따라 허물과 죄 가운데 살았고 공중의 권세 잡은 자, 곧 지금 불순종하는 아들들 가운데 활동하고 있는 영을 따라 살았습니다. 그때는 우리도 다 그들 가운데 속해 육체와 마음이 원하는 것들을 행하며 육체의 욕망대로 살았습니다. 그래서 우리도 그들과 마찬가지로 태어날 때부터 진노의 자녀들이었습니다 (엡 2:1-3).

사도 바울은 에베소서에서 인간의 본질을 네 가지로 설명합니다. 첫째, 인간은 허물과 죄로 이미 죽은 존재입니다. 둘째, 인간은 세상 풍속을 따르는 존재입니다. 인간은 태어나면서 본질적으로 세상을 따라 살게 되어 있습니다. 세상을 따르지 않으면 많은 어려움을 겪게 됩니다. 셋째, 인간은 공중의 권세 잡은 자에게 종노릇하는 존재입니다. 세상을 쉽게 살려면 사탄을 따르는 방법밖에는 없습니다. 넷째, 인간은 본질상 진노의 자녀입니다. 인간은 죄로 말미암아 이미 영적 사형 선고를 받은 상태라는 뜻입니다.

성경은 인간이 하나님의 영원한 진노를 받을 존재이지만, 예수님의 사랑을 믿고 받아들인다면 그 진노의 심판을 면하게 해 주신다고 말합니다. 예를 들어, 어떤 곳에 폭탄이 설치되었는데, 비상구가 하나 있습니다. 그 공간에 갇힌 사람들은 비상구를 발견하는 즉시 빠져나가야 목숨을 구할 수 있고, 그렇지 않으면 죽음을 맞이해야 하는 상황입니다. 곧 세상의 모든 사람은 예수님이라는 비상구를 발견하는 즉시 탈출하느냐 아니면 저주, 절망, 죽음이라는 폭탄을 맞아 멸망하느냐 하는 상황에 놓여 있습니다. 하나님은 사람들이 어느 쪽을 택하든 전적으로 개인에게 맡겨 두셨습니다. 그리고 선택의 결과에 대해 심판하시겠다고 분명히 말씀하십니다.

하나님은 소돔과 고모라를 심판하실 때 롯에게 아내와 자식들을 데리고 속히 성을 떠나라고 하셨습니다. 그래서 롯은 자신의 모든 것을 버려둔 채 떠났습니다. 그 성에 계속 머물러 있다가는 죽음을 맞게 될 것을 알았기 때문입니다. 하지만 롯의 아내는 화려한 소돔과 고모라 성을 잊지 못하고 뒤돌아보다가 소금 기둥이 되어 버렸습니다. 이처럼 죄에서 탈출해 구원을 받았으면 다시 옛날로 돌아가서는 안 됩니다.

나는 성경에 등장하는 사람들 중에 가장 위대한 사람이 노아라고 생각합니다. 하나님은 노아에게 방주를 지으라고 명령하셨습니다. 단 한 번도 본 적도 들은 적도 없는 모양과 크기의 방주를 그것도 해변이 아닌 산에다 지으라고 하신 것입니다. 하루 이틀도 아닌 120년 동안이나 얼토당토않은 일을 하라고 명령하셨습니다. 하지만 노아는 군말 않고 하나님의 명령에 그대로 순종했습니다.

만약 당신에게 이런 하나님의 명령이 떨어졌다면 어떻게 하겠습니까? 상상만 해도 재미있는 반응들이 속출했을 것입니다. 그런데 노아는 산으로 올라가서 방주를 지었습니다. 이것이 믿음입니다. 믿음은 이처럼 익숙하지도 않고 상식적으로 맞지도 않는 것입니다. 왜냐하면 믿음은 하나님의 생각을 따라가는 것이기 때문입니다.

우리는 별 탈 없이 잘 먹고 잘살고 있는 것 같지만, 삶의 순간을 견뎌 내는 것밖에는 아무것도 할 게 없습니다. 아편을 먹고 순간을 견뎌 내는 것과 별반 다르지 않습니다. 현대인은 항상 무엇엔가 쫓기며 불안해합니다. 언제 병에 걸릴지, 어떻게 삶이 끝날지 몰라 항상 안절부절못합니다. 그러나 눈을 돌려 세계를 보아야 합니다. 일부 선진국을 제외하고는 인류의 90퍼센트가 지옥 같은 환경에서 살고 있습니다. 세상이 그렇습니다. 모든 인간은 이미 하나님의 심판 아래 있습니다.

아직 기회가 있다

사람들은 왜 빛으로 오신 예수님께 나아오지 않을까요? 몇 가지 이유가 있습니다. 첫째, 인간은 교만하기 때문입니다. 성경은 "사람들은 자기 행위가 악하기 때문에 빛 대신 어둠을 사랑"(요 3:19)한다고 말합니다. 사람들이 예수님을 몰라서 빛으로 나아가지 않는 것이 아닙니다. 인간의 행위가 원래 악하기 때문입니다. 악은 선을 거부하고, 불의는 진리를 거부하며 어둠은 빛을 거부합니다.

둘째, 인간이 부정하고 부패하며 거짓되어 죄의 습성에서 벗어나지 못하기 때문입니다. 그래서 인간은 익숙한 어둠에 그대로 머물러 있는 것입니다. 이것이 불의, 부패, 죄악의 속성입니다. 사람이 하나님을 믿지 못하는 까닭은 그 안에 죄가 있기 때문입니다.

셋째, 자신의 죄악이 빛 가운데 드러날까 봐 두렵기 때문에 빛으로 나오지 못합니다.

> 악을 행하는 사람마다 빛을 미워하고 자기 행위가 드러날까 두려워해 빛으로 나아오지 않는다. 그러나 진리를 따라 사는 사람은 빛으로 나아온다. 그것은 자기의 행위가 하나님 안에서 이루어졌음을 나타내려는 것이다(요 3:20-21).

어둠에는 불안과 절망과 좌절만 있을 뿐입니다. 그래서 어둠에 있는 사람은 빛을 미워하고 두려워합니다. 또한 주님을 믿는 사람들을 미워하고 시기합니다.

지금까지 살펴봤듯이, 누가 뭐라고 해도 결론은 한 가지밖에 없습니다. 세상 모든 사람은 빛으로 오신 예수님께 나아와야 합니다. 달리 다른 방법이 없습니다. 소돔과 고모라에서 속히 빠져나와야 살 수 있습니다. 소돔과 고모라를 고쳐 보겠다는 발상은 위험천만 합니다. 지금 당장 그곳에서 빠져나오지 않으면 죄악 가운데 죽게 될 것입니다. 죄에서 빠져나오는 것이 구원이며, 그에 관한 이야기 가 요한복음 3장 16절 말씀입니다.

우리는 더 이상 미루지 말고 구원의 복음을 속히 세상에 전해야 합니다. 언제 죽을지 모르는 인생들에게 기회가 있을 때 어서 빨리 빛으로 나아오라고 말해 주어야 합니다. 하나님의 천국 잔치에는 아직 자리가 많습니다. 영광된 잔치에 빈자리가 없도록 서로 권면 하십시오.

19

사람을 두려워하지 않고
말하겠습니다

요한복음 3:22-36

나는 그리스도가 아니다

인류 역사나 한 시대의 인물을 평가할 때, 업적도 중요하지만 누가 어떤 방법으로 평가하느냐에 따라 경중이 달라지는 경우가 있습니다. 특히 사람에 대한 평가는 더욱 그렇습니다. 진리가 진리를 알아보고, 의인이 의인을 알아봅니다. 그리고 악인 100명의 평가보다 의인 한 명의 평가가 더 진실되고 중량감이 있으며 의미가 있습니다.

하나님의 아들 예수 그리스도께서 인간의 몸을 입고 세상에 오셨을 때, 사복음서를 기록한 마태, 마가, 누가, 요한은 예외 없이 한 사람을 적극 추천했습니다. 바로 세례자 요한입니다. 그래서 사복음서에는 그에 대한 기록이 남아 있습니다. 세례자 요한은 예수님에 대해 증언했는데, 수많은 사람이 증언한 것보다 더 값지고 의미가 있습니다.

세례자 요한의 인간적 특징은 한마디로 사람을 두려워하지 않았다는 것입니다. 사람을 두려워하지 않는 사람은 정말 무서운 사람입니다. 사람은 하나님을 두려워해야지 사람을 두려워해선 안 됩니다. 하지만 그게 말처럼 잘되지 않는 것도 사실입니다.

세례자 요한은 자신에 대한 세상 사람의 비판이나 평가를 두려

위하지 않고 하나님이 자신에게 주신 믿음대로 살았던 사람입니다. 그는 세상의 인기나 유명세에 연연해하지 않았습니다. 세례자 요한을 가장 높게 평가할 수 있는 부분은 그가 진리를 위해 자신의 생명을 버렸다는 점입니다. 그는 죽음마저 초월한 사람입니다. 그래서 헤롯왕에게 죽임을 당한 것입니다.

세례자 요한의 인생관과 가치관은 한마디로 예수님께 미친 것이라고 규정할 수 있습니다. 그래서 예수님도 그에 대해 이렇게 평하셨습니다.

내가 진실로 너희에게 말한다. 지금까지 여인에게서 난 사람 중에 세례자 요한보다 더 큰 사람이 일어난 적은 없다. 그러나 하늘나라에서는 가장 작은 사람이라도 그보다는 크다(마 11:11).

세례자 요한은 예수님에 대하여 "나보다 먼저 계신 분, 내 뒤에 오시는 그 분, 세상 죄를 지고 가시는 하나님의 어린양"이라고 증거하며 고백했습니다.

예수님이 요한에게 물로 세례를 받으신 뒤에 세례자 요한이 요단강에서 세례를 베풀고 있는데도 많은 사람이 예수님한테로 가서 세례를 받는 일이 일어났습니다. 이 광경을 목격한 그의 제자들이 갈등하기 시작했습니다. 세례는 요한만 주는 것으로 알았는데, 예수님도 세례를 베풀고 계셨기 때문입니다.

제자들은 세례자 요한을 두고 유대인과 논쟁을 벌이기도 했습니다. 더구나 요한에게 세례를 받으러 왔던 사람들이 예수님한테로 옮겨 가자 질투가 났습니다. 그래서 제자들이 스승에게 한마디 합니다.

> 랍비여, 전에 요단 강 건너편에서 선생님과 함께 계시던 분, 선생님이 증거하셨던 그분이 지금 세례를 주고 있는데 사람들이 다 그분께로 가고 있습니다(요 3:26).

제자들은 불편한 심기를 드러냈습니다. 그러나 요한은 주저하지 않고, 예수님에 관해 증거합니다.

> 하늘에서 주시지 않으면 사람은 아무것도 받을 수 없다. 내가 전에 '나는 그리스도가 아니고 그분보다 앞서 보냄을 받은 사람이다'라고 한 말을 증거할 사람들은 바로 너희다(요 3:27-28).

하늘에서 오시어 하늘 이야기를 하시는 분

세례자 요한은 예수 그리스도께서는 사람한테서 나신 분이 아니라 하나님이 친히 보내신 분이라고 증거합니다. 그는 자신도 세례를 주고 있지만, 하나님이 직접 보내신 예수님이 그리스도라는 사실을 정확히 알고 그분이 하시는 일에 정당성을 부여합니다. 그리고 자신은 그리스도가 아니라고 분명히 밝힙니다. 예수님이야말로 하나님이 친히 보내신 '그리스도'라는 것입니다. 매우 뛰어난 통찰력이 아닐 수 없습니다.

그는 예수 그리스도께서 우리의 진정한 신랑이라고 증거합니다. 신랑은 신부에게 아주 중요한 존재입니다. 우리는 교회를 가리켜 예수님의 신부라고 말합니다. 모든 그리스도인은 예수님의 신부입니다. 세상의 신부들이 기다리고 있는 신랑은 바로 예수 그리스도입니다.

> 신부를 얻는 자는 신랑이다. 그러나 신랑의 친구는 신랑을 기다렸다가 신랑의 음성을 들으면 그 음성으로 인해 매우 기뻐한다. 나는 이런 기쁨으로 충만하다(요 3:29).

기다리던 신랑이 와서 멋진 혼인 잔치를 벌입니다. 천국 잔치에서 예수님이 바로 우리 신랑이 되십니다. 세례자 요한은 자신을 혼인 잔치를 준비하는 신랑의 친구로 표현하고 있습니다. 신랑의 음성을 듣고 기뻐하는 친구일 뿐이라는 것입니다. 그리고 "그분은 흥해야 하고 나는 쇠해야 한다"(요 3:30)고 고백합니다.

세례자 요한은 예수님보다 6개월 먼저 태어났습니다. 자기보다 나이 많은 사람에게 존경을 표하는 것은 쉬운 일이지만, 또래에게 존경을 표하기란 어렵습니다. 그런데도 그는 또래인 예수님을 그리스도와 신랑으로 고백하며 존경을 표합니다. 예수님을 한낱 인간이 아닌 '하나님이 보내신 분'으로 보고 있기 때문입니다.

또 그는 예수님을 '하늘에서 오시는 분'으로 증거합니다. 예수님은 위에서 오셔서 만물을 다스리시는 분입니다.

> 위에서 오시는 그분은 모든 것 위에 계시는 분이시다. 땅에서 난 사람은 땅에 속해 땅의 것을 말한다. 그러나 하늘에서 오시는 그분은 모든 것 위에 계신다(요 3:31).

인간은 땅에서 나와 땅에 속하여 땅에 관한 것을 말하는 존재입니다. 그 이상은 말할 수 없습니다. 아무리 고상한 철학과 사상을 가졌다고 해도 근본이 땅에 속했으므로 말하는 것도 땅에 속한 것들뿐입니다. 그러나 예수님은 하나님의 아들이시고 하나님이 보내신 그리스도요 하늘에 속하신 분입니다. 예수님은 우리와 같은 언어를 사용하지만, 하늘의 말씀을 하시며 만물을 통치하고 다스리며 만물 위에 계시는 분입니다.

그래서 예수님은 하늘에서 보고 들은 것을 말씀하신다고 세례자 요한이 증거합니다.

> 그분은 보고 들은 것을 증거하신다. 그러나 아무도 그 증거를 받아

들이지 않는다(요 3:32).

예수님이 인자로 세상에 오셔서 우리와 같은 감정으로 말씀하는 것 같지만 근본은 다릅니다. 예수님은 하늘나라에서 보고 들은 것을 말씀하시는데, 바로 구원입니다. 따라서 예수님은 "나를 본 자는 하나님을 본 것이다", "나를 믿는 자는 하나님을 믿는 것이다"라는 말씀을 자주 하셨습니다.

예수님의 말씀이 특별히 어려운 것은 아니지만, 우리는 그 말씀을 통해 이상한 것을 경험하게 됩니다. 그분의 말씀 안에 생명, 구원, 능력이 있기 때문입니다. 성경에는 다른 종교의 경전에 나오는 것과 비슷한 말이 많습니다. 그래서 어떤 사람들은 성경 말씀과 다른 경전의 말들을 비교하면서 진리는 기독교에만 있는 것이 아니고 다른 종교에도 있다고 주장합니다.

그러나 성경과 다른 경전들은 근본부터 다릅니다. 성경은 예수님이 하늘나라에서 보고 들은 것을 이 세상에 오셔서 말씀한 것을 한 점, 한 획, 한 단어까지 정확하게 표현한 것입니다. 그래서 우리는 예수님의 말씀을 듣고 읽을 때마다 변화 받아 새로워지는 것을 경험하게 됩니다. 예수님의 말씀으로 말미암아 귀신이 떠나고 병이 낫는 기적이 일어나는 까닭은 그 말씀이 능력 있는 하나님의 말씀이기 때문입니다.

하늘과 땅의 모든 권세를 받으신 분

예수님은 하나님으로부터 성령을 한없이 받으시니 누구든지 그리스도의 본질과 증거를 받아들이면 하나님을 믿지 않을 수 없게 됩니다. 세례자 요한은 이 진리를 꿰뚫어봤습니다.

> 그분의 증거를 받아들인 사람은 하나님이 참되신 분임을 인정하는 것이다. 하나님께서 보내신 그분은 하나님의 말씀을 전하신다. 그것은 하나님께서 그분에게 성령을 한없이 주셨기 때문이다(요 3:33-34).

사람들은 예수님의 증거에 대해 두 가지로 반응합니다. 하나는 하나님을 믿게 되는 것이고, 다른 하나는 하나님을 실감하고 마는 것입니다. 하나님을 가슴으로 믿는 것과 머리로 아는 것은 천지 차이입니다.

하나님을 믿을 때, 성령이 우리에게 임하여 속삭이시고, 우리를 만지시고, 우리 영혼을 변화시켜 주십니다. 성령의 역사는 우리로 하여금 항상 찬양하게 만듭니다. 그래서 고백 없는 찬송가 가사가 하나도 없습니다.

인생의 깊은 고난과 절망과 좌절 속에서 하나님을 만난 존 뉴턴(John Newton)은 흑인 노예 수송선의 선장이었습니다. 그는 수천 명의 흑인 노예를 인간 짐짝 취급하며 노예무역을 하였습니다. 그러던 어느 날 폭풍우 속에서 극적으로 살아나며 비로소 회심하게 됩니다. 그러고 일평생을 노예무역에 반대하며 목회자로 살게 되는데, 그가 하나님을 만나고 기쁨의 눈물을 흘리며 작사한 곡이 〈나 같은 죄인 살리신〉(새찬송가 305장)입니다. 하나님을 만나 본 적이 없는 사람은 도저히 느낄 수 없는 깊은 감동이 배어 있는 찬송입니다.

세례자 요한은 예수님에 관해 아주 재미있는 표현을 씁니다. 하나님이 예수님에게 성령을 한없이 부어 주신다고 말합니다. 이는 예수님이 성령으로 충만하실 뿐만 아니라 곧 성령 하나님과 하나이시라는 뜻입니다.

예수님은 태어나실 때부터 성령으로 잉태되셨습니다. 세례를 받으실 때는 하늘에서 성령이 비둘기같이 임하셨습니다. 그리고 성령으로 말씀하고 사역하며 십자가에서 죽으시고 부활하셨습니다. 그러므로 예수님을 닮는 지름길은 바로 성령 충만함을 받는 것입니다.

예수님은 귀신을 쫓으시고 앉은뱅이를 일으키시며 눈먼 사람의 눈을 뜨게 하시고 죽은 자를 살리셨습니다. 보리빵 다섯 개와 물고기 두 마리로 5,000명이 넘는 사람을 먹이고도 열두 바구니에 남기는 기적을 행하셨습니다. 세상의 이성주의자, 경험주의자, 과학만능주의자들은 예수님이 행하신 기적의 비밀을 이해하지 못합니다. 예수님이 기적을 행하신 것은 성령의 능력에 힘입은 것입니다.

우리가 예수님을 체험하는 것이 성령을 체험하는 것입니다. 하지만 많은 사람이 예수님을 믿으면서도 성령에 대해 잘 모르고 있습니다. 인간적·도덕적·윤리적·역사적 예수님에 대해서는 잘 알고 있으면서도 상대적으로 성령에 대해서는 잘 모르고 있습니다. 성령을 모르는 것은 예수님을 모르는 것과 같습니다. 하나님은 인간의 몸으로 보내신 예수님에게 무제한으로 성령을 공급해 주셨습니다. 그러므로 예수님을 성령과 따로 떼어 생각할 수 없습니다.

그런가 하면, 세례자 요한은 예수님을 우주 만물을 받으신 분으로 증거합니다.

> 아버지께서는 아들을 사랑하셔서 모든 것을 아들의 손안에 맡기셨다(요 3:35).

하나님은 외아들 예수 그리스도에게 만물을 위임하시고, 하늘과 땅을 다스리는 특권을 주셨습니다(마 28:18). 하늘과 땅의 모든 권세를 받으신 예수님은 믿는 사람들에게 영생을 주십니다.

> 아들을 믿는 사람에게는 영생이 있다. 그러나 아들에게 순종하지 않는 사람은 생명을 보지 못하고 도리어 하나님의 진노를 받게 된다(요 3:36).

예수님은 우리 인생을 좌지우지하시는 분입니다. 믿는 자들에게 영생을 주시고, 믿지 않는 자들에게는 영생을 감추시고 대신 심판과 진노를 주십니다. 엄밀히 말해 예수님이 진노와 심판을 주시는 것이 아니라, 인생은 이미 하나님의 진노와 심판의 사정권 안에 들어 있습니다.

성경은 인간이 하나님의 진노를 스스로 쌓는다고 말합니다(롬 2:5). 구름이 모여 비가 되어 떨어지듯이, 인간은 하는 짓마다 하나님의 진노를 쌓으니 그 양이 차면 어느 순간 떨어지고 말 것입니다.

세례자 요한이 증거한 예수 그리스도를 믿고 받아들이는 사람은 하나님을 느끼고, 다시 태어남의 역사를 체험하며 심판을 면하게 될 것입니다. 믿음과 구원에 관한 질문에 확신을 가지고 대답할 수 있기를 바랍니다. 마음에 세례자 요한의 증거처럼 예수님에 관한 증거가 충만하길 축원합니다.

4부

영생에 이르게 하는 샘물

요한복음 4:1-54

사람은 항상 거짓 진리와 그 모조품 속에서 살아왔기 때문에
참된 진리를 만나 본 적이 없습니다.
그래서 진정한 생수에 대해 제대로 알지 못합니다.
사람은 참된 사랑을 만나면 충격을 받습니다.
우리는 소설을 통해 여태껏 겪어 보지 못한
아름다운 사랑 이야기를 만나면 그것에 깊이 빠져듭니다.
그만큼 사람은 참된 사랑과 진리에 목말라 있습니다.

20

왜 이렇게
목마를까요?

요한복음 4:1-9

각 사람의 형편에 따라 만나 주시다

우리는 요한복음 4장에서 험한 인생을 살아온 한 여인을 만납니다. 그녀가 주님을 만나러 올 환경에 있지 않음을 아시고, 예수님이 그녀를 직접 찾아가십니다.

이 여인은 니고데모와는 모든 면에서 큰 차이를 보입니다. 니고데모는 존경받는 유대인이었던 반면에 이 여인은 멸시받는 사마리아인입니다. 니고데모가 정통한 바리새인이라면, 이 여인은 종교적으로도 괄시받아 믿음이 연약합니다. 니고데모는 사회적으로 영향력이 큰 정치 관료이지만, 이 여인은 자신을 떳떳하게 드러내 놓을 수도 없는 천한 계층입니다.

예수님과 이 여인의 만남에서 우리는 새로운 사실을 하나 발견합니다. 예수님이 개인의 형편에 따라 만나 주신다는 것입니다. 주님은 "나는 의인을 부르러 온 것이 아니라 죄인을 부르러 왔다"(마 9:13), "인자 역시 섬김을 받으러 온 것이 아니라 섬기러 왔고 많은 사람들을 구원하기 위해 치를 몸값으로 자기 생명을 내어 주려고 온 것이다"(막 10:45)라고 말씀하십니다.

대부분의 사람은 섬김을 받고 주위로부터 인정받기를 좋아합니다. 하지만 예수님은 섬김과 인정과 도움이 필요한 사람들을 찾아다니며 친히 만나 주셨습니다. 주님의 수준이 아닌 각 사람의 수준에 맞추신 것입니다.

또한 예수님은 "인자는 잃어버린 사람을 찾아 구원하러 왔다"(눅 19:10)라고 말씀하십니다. 여기서 '잃어버린 사람'은 '잊힌 사람들'을 말합니다. 세상 누구도 기억해 주지 않는 파산한 인생을 가리킵니다. 그런 사람에게는 내일도, 희망도 없습니다. 예수님은 '잃어버린 사람'의 영혼을 찾아 이 땅에 오셨습니다. 예수님은 "양들이 생명을 얻게 하되 더욱 풍성하게 얻게"(요 10:10) 하려고 오셨습니다.

예수님은 마음이 메마른 사람, 인생의 소망을 잃어버린 사람에게 생명을 얻게 하시려고 이 땅에 오신 것입니다. 그리고 그들을 위해 생명을 쏟아 부으십니다.

니고데모에게 다시 태어남을 요구하셨던 예수님이 사마리아 수가 마을의 여인에게는 아무것도 요구하지 않으십니다. 오히려 "영원히 목마르지 않을 생명수를 주겠다"고 말씀하십니다. 바리새파 사람들과 사두개인들에게는 여러 차례 "네게 화가 있을 것이다. 너희가 이런 식으로 살면 저주를 받으리라"고 호통치셨던 예수님이 부자 청년에게는 "네 재산을 팔아 그 돈을 가난한 사람에게 주어라"(마 19:21)라고 말씀하십니다. 삭개오에게는 "내가 오늘 네 집에서 묵어야겠다"(눅 19:5)라고 위로의 말씀을 주시고, 눈먼 거지 바디매오에게는 "네 믿음이 너를 구원했다"(막 10:52)라고 말하며 기적을 베풀어 주셨습니다. 간음하다 붙잡힌 여인에게는 아무 이유를 묻지 않으시고 "나도 너를 정죄하지 않겠다. 이제부터 다시는 죄를 짓지 마라"(요 8:11)라고 다독이셨습니다.

이처럼 예수님은 각 사람의 필요대로 위로하거나 격려하시고, 꾸짖거나 구원의 복음을 전하십니다. 이것이 예수님께 배워야 할 부분입니다. 복음을 전하려면, 상대방의 수준에 맞추어야 한다는 것입니다.

낮은 마음을 만나 주시다

예수님이 요한보다 더 많은 사람을 제자로 삼아 세례를 주신다는 소문이 바리새파 사람들의 귀에 들어간 것을 예수님이 아셨습니다. 사실, 예수님의 제자들이 세례를 준 것이지만 말입니다. 그래서 예수님은 유대를 떠나 다시 갈릴리로 향하십니다(요 4:1-3).

예수님은 유대를 떠나 다시 갈릴리로 가던 중에 사마리아 지역을 통과하십니다. 도중에 수가라는 마을에 들러 야곱의 우물에서 잠시 휴식을 취하다가 한 여인을 만나셨습니다.

예수님과 사마리아 여인의 만남을 보면서 두 가지 의문이 들었습니다. 첫째, 예수님은 왜 유대를 떠나 다시 갈릴리로 가셨을까 하는 것입니다. 그것은 예수님이 세례를 베푸시는 것이 세례자 요한보다 많음을 알고 시기하고 질투하는 유대인들의 볼멘소리를 이미 알고 계셨기 때문입니다. 그나마 예수님이 직접 세례를 주신 것이 아니라 제자들이 준 것임에도 불구하고 소문이 돌면서 예수님과 세례자 요한을 경쟁 관계로 몰아갔던 것입니다. 그런 가십거리를 만든 사람은 다름 아닌 바리새파 사람들이었습니다. 그래서 예수님은 소문에 대한 시기와 질투의 진원지를 잠시 피하신 것입니다.

대부분의 사람은 시기와 질투, 경쟁심을 갖고 있습니다. 얼핏 보기에는 아닌 듯 보이지만, 자세히 보면 강한 시기심과 질투심, 경쟁심에 불타고 있음을 볼 수 있습니다. 교회도 마찬가지입니다. 이런 일로 마음이 상해 상처를 받고 다른 사람에게 상처 주는 일이 꼬리를 물고 일어납니다.

그러나 예수님은 시기와 질투와 경쟁으로 일하는 게 아니라면서 유대를 떠나십니다. 그런 것은 일을 하게 할지는 모르지만 사람에게 상처를 주고 덕을 세우지 못합니다.

또한 여기서 우리가 확인하는 것은 인간은 숫자에 약하다는 사실입니다. 예수님이 세례를 주시는 것이 세례자 요한보다 많다는 것 때문에 문제가 생겼습니다. 누가 더 인기를 얻는가, 누가 더 많은 관중을 동원하는가, 누가 더 큰 돈을 버는가 등으로 숫자 놀이를 합니다. 이런 인간적 욕망 앞에 예수님은 등을 돌리십니다. 그래서 유대를 떠나 사마리아를 거쳐 갈릴리로 이동하시는 것입니다.

예수님은 세례자 요한에게 상처를 주지 않으십니다. 성숙한 인격자는 사람들에게 상처를 주지 않습니다. 우리는 선이나 정의라는 이름으로 쉽게 사람들에게 상처를 주고, 인생의 꽃을 피워 보지도 못하게 기를 꺾어 버립니다. 반면 예수님은 사회적 약자를 사랑으로 만나 주시고 소중한 존재로 여겨 주십니다.

둘째, 예수님은 왜 유대에서 사마리아를 거쳐 갈릴리로 가시려고 하느냐는 것입니다. 당시 사마리아는 모든 유대인이 꺼리는 지역이었습니다. 우리 식으로 말하면 지역감정 때문입니다. 사마리아인과 유대인은 서로 마주치지 않으려는 적대적 관계에 놓여 있었습니다. 한 민족이었지만 서로를 인정하지 않았습니다.

그런데 사마리아 수가 마을에 누구라도 만나기 싫어하는 한 여인이 살고 있었습니다. 이 여인을 만나면 위신이 깎이고, 자존심에 큰 상처를 입을 정도였습니다. 그런데 지극히 높으신 하나님의 아들 예수님은 이 여인을 만나 주실 뿐 아니라 귀하게 대해 주십니다.

갈릴리로 들어가려면 사마리아 지방을 거쳐야만 했습니다. 그리하여 예수님은 사마리아의 수가라는 마을로 들어가셨는데, 그곳은 옛날 야곱이 자기 아들 요셉에게 준 땅과 가까웠으며 야곱의 우물이 거기에 있었습니다. 여행으로 피곤해진 예수께서는 우물곁에 앉으셨습니다. 그때가 낮 12시쯤이었습니다(요 4:4-6).

"사마리아 지방을 거쳐야만 했다"는 것은 예수님이 의지적 결단을 하셨다는 것을 나타냅니다. 우리는 불편한 곳은 피해 가려고 합니다. 불편한 사람과는 아예 관계조차 맺지 않으려고 합니다.

유대에서 갈릴리로 가려면 사마리아를 통과하는 것이 지름길입니다. 아무리 지름길이라 해도 자기가 싫으면 돌아가는 게 인간입니다. 하지만 예수님은 의도적으로 사마리아를 거쳐 가십니다. 다른 사람들이 가기 싫은 지역, 하기 싫어하는 일을 선택하는 것이 선교입니다. 이것이 곧 예수님이 이 땅에 오신 목적을 이루는 일이기도 합니다.

사마리아인과 유대인의 갈등은 구약의 앗수르 정복에서 시작됩니다. 이스라엘은 주변 강대국들의 침입을 받아 이방 민족과 교합해 태어난 혼혈인이 많았습니다. 순수 혈통을 자랑하는 유대인에게 혼혈은 매우 치욕적이었습니다. 그래서 유대인들은 지금의 팔레스타인 지역인 사마리아로 혼혈인을 집단 이주시켰습니다. 선민사상을 가진 유대인들은 종교적으로도 사마리아인에게 적대감을 나타내며 사람 취급을 하지 않았습니다.

상대적으로 사마리아인은 많은 상처를 입었습니다. 그들은 혼혈 문제뿐 아니라 이방 종교의 풍습도 받아들였습니다. 또한 시편이나 예언서를 인정하지 않고 모세오경만 인정했습니다. 역사를 왜곡하여 예배하는 장소도 아브라함과 이삭과 야곱이 예배하던 그리심산만 고집했습니다. 그래서 유대인은 혈통 문제와 종교적 모욕감 때문에 사마리아인들을 무시하기 시작했던 것입니다.

다가와 물 한 잔 청하시는 예수님

여기서 우리는 한 폭의 그림을 그려 볼 수 있습니다. 예수님이 열두 제자를 데리고 사마리아를 가시던 길에 피곤해져서 수가 마을에 들러 야곱의 우물에 앉아 휴식을 취하십니다. 때는 우리 시각으로 말하면 낮 12시였습니다. 중동에서 정오 태양의 강도를 짐작이나 할 수 있겠습니까? 그 시각에는 모든 것이 너무 뜨거워 길거리에서 사람의 그림자조차 찾아볼 수 없습니다. 물을 길으러 우물에 가는 것도 선선한 아침이나 저녁 시간을 이용해야 합니다.

그런데 한낮에 사람들이 전혀 활동하지 않는 때 한 여인이 야곱의 우물에 물을 긷기 위해 왔습니다. 우물가에 예수님과 사마리아 여인 두 사람만 있을 뿐입니다. 제자들은 음식을 사러 동네로 들어갔습니다. 우리가 외롭고 힘들 때 아무도 찾아와 주지 않아도 예수님은 찾아오셔서 함께해 주십니다. 어루만져 주시고 격려해 주시며 축복하시고 삶의 희망에 대해 말씀해 주십니다.

> 한 사마리아 여인이 물을 길러 나왔습니다. 예수께서 여인에게 말을 거셨습니다. "내게 물 좀 떠 주겠느냐?" 제자들은 먹을 것을 사러 마을에 들어가고 없었습니다. 사마리아 여인이 예수께 말했습니다. "당신은 유대 사람이고 저는 사마리아 여자인데 어떻게 제게 물을 달라고 하십니까?" 당시 유대 사람들은 사마리아 사람과는 상대도 하지 않았기 때문입니다(요 4:7-9).

사회적으로 버림받은 여자, 인생에 목마른 여자, 삶의 의미와 희망을 잃어버린 여자, 사람들과 부딪히기 싫어 아무도 다니지 않는 대낮에 우물로 나온 여자를 대하는 예수님의 태도는 너무나 정중합니다. 여기서 우리가 배울 것은 예수님의 화법과 사람을 대하는 태도입니다. 매우 따뜻하고 친근하게 대하십니다.

예수님은 사마리아 여인에 대해 이미 모든 것을 알고 계셨습니다. 하지만 이 여인은 예수님에 대해 전혀 모르고 있습니다. 다만 유대인 남자가 천하고 멸시당하는 사마리아 여자인 자기에게 말을 걸어 온 사실에 잠시 충격을 받았을 뿐입니다.

주님은 우리 각 개인에 대해서도 모든 것을 알고 계십니다. 우리는 다른 사람은 속일 수 있을지 몰라도 예수님을 속일 수는 없습니다. 우리는 예수님을 알아볼 수 있을 만큼 지식이 많거나 능력이 탁월하지 않습니다. 예수님을 찾아가 구원을 요청할 만큼 종교적·도덕적으로 성숙한 것도 아닙니다. 그렇다고 신분이 높은 것도 아닙니다. 그런데 예수님은 그런 우리를 찾아오셔서 만나 주십니다.

우리는 인생을 사는 동안 반드시 예수님을 만나야 합니다. 지금 예수님은 우리에게 물 한 그릇을 달라며 다가오고 계십니다.

보라. 내가 문 앞에 서서 두드리니 누구든지 내 음성을 듣고 문을 열면 내가 들어가서 그와 함께 먹고 그는 나와 함께 먹을 것이다 (계 3:20).

지금이라도 어리석고 교만한 마음을 접고, 마음의 문을 활짝 열어 예수님을 구주로 영접해야 합니다. 마음속에 예수님을 맞아들이는 지혜를 용기있게 행동으로 옮겨야 합니다.

21

그 생수를
내게 주십시오

요한복음 4:10-17

네가 알았더라면…

병(病) 중의 병은 병명도 모른 채 죽어야 하는 병일 것입니다. 마찬가지로 세상에서 가장 불쌍한 인생은 삶의 의미도 모른 채 동물처럼 반사적으로 살다가 죽음을 맞이하는 사람일 것입니다. 사마리아 수가 마을의 여인이 바로 그런 사람입니다. 그녀는 대낮에 물을 길으러 우물에 나왔습니다. 여인은 자신의 삶이 얼마나 가치 있고 소중한 것인지 깨닫지 못한 채 허무하게 하루하루를 살아왔습니다.

놀라운 것은 예수님은 니고데모처럼 지성인이자 성숙한 신앙인만 만나 주시는 것이 아니라 아무도 상대해 주지 않는 천한 사마리아 여인도 만나 주신다는 사실입니다. 아니, 니고데모를 만나 주실 때와는 비교도 되지 않을 만큼 사랑을 가득 담아 정중하게 이 여인을 만나 주십니다.

사마리아 여인의 입장에서 볼 때 예수님과의 만남은 우연히 이루어진 것입니다. 예수님이 사마리아를 여행하시다가 피곤하셔서 야곱의 우물가에서 쉬고 계실 때 여인이 나타난 것입니다. 마치 두 사람이 약속이나 한 것처럼 말입니다. 때때로 사람에게 우연인 것이 사실은 하나님이 만드신 필연이기도 합니다.

예수님이 여인에게 하신 첫 말씀은 "물 좀 떠 주겠느냐?"였습니다. 남자가 사마리아 여자인 자신에게 물을 떠 달라며 말을 건네는 것 자체가 이상하다고 생각했습니다. 그래서 "당신은 유대 사람이고 저는 사마리아 여자인데 어떻게 제게 물을 달라고 하십니까?"라고 반응합니다.

하나님의 아들이시고 인류의 구세주이신 예수님이 천한 사마리아 여인에게 마실 물을 달라고 하신 것은 매우 역설적입니다.

예수께서 여인에게 대답하셨습니다. "네가 하나님의 선물을 알고 또 물을 달라고 하는 사람이 누구인지 알았다면 도리어 네가 그에게 부탁했을 것이고 그가 네게 생수를 주었을 것이다"(요 4:10).

예수님은 여인에게 친절히 설명해 주십니다. 충고하거나 설교하지 않으십니다. 우리는 상대방에게 자신의 수준에 맞출 것을 요구하곤 합니다. 하지만 예수님은 그 사람의 수준에 맞추어 주십니다. 이처럼 전도는 고압적인 자세로 충고하거나 설교하는 것이 아니라 상대방과 눈높이를 맞추는 것입니다.

내가 아는 어떤 의사는 환자의 시선에 맞춰 의자의 높낮이를 조절하고서 진찰에 들어갑니다. 위압적인 자세는 찾아볼 수 없습니다. 오히려 환자의 손을 잡아 주며 안심시킵니다. 그렇다 보니 가끔 그가 나보다 더 목회자 같다는 생각이 들곤 합니다.

예수님은 사마리아 여인이 알아듣기 쉽도록 말씀하십니다. 니고데모에게는 다시 태어남에 대해 말씀하셨지만, 이 여인에게는 다시 태어남을 하나님의 선물로 쉽게 풀어서 말씀하십니다. 여기서 하나님의 선물이란 구원을 의미합니다.

그리고 그녀가 알기 쉽게 자신을 나타내십니다. "물을 달라고 하는 사람이 누구인지 알았다면…." 예수님은 스스로 그리스도임을 밝히거나 강조하지 않으십니다. 여인을 얼마나 배려하시는지 잘 알 수 있습니다. 그리고 구원의 방법도 친절하게 가르쳐 주십니다.

우리가 구원을 얻는 비밀은 구하는 데 있습니다. '구하다'라는 말은 '찾다', '두드리다', '바라보다', '소망하다'라는 뜻을 포함합니다. 만약 예수님에 관해 알고 난 후 그분께 구하고, 찾고, 두드리고, 바라보고, 소망한다면 구원에 이를 수 있습니다.

예수님은 "도리어 네가 그에게 부탁했을 것이고 그가 네게 생수를 주었을 것이다"라고 말씀하십니다. 여기서 우리는 '약속'을 발견할 수 있습니다. 생수는 우물물과 다릅니다. 여인이 생각한 것은 '물'이고 예수님이 말씀하신 것은 '생수'입니다. 예수님이 영원히 목마르지 않을 생수를 줄 수 있다고 말씀하시자, 여인이 즉시 반응을 보입니다. 어느새 예수님에 대한 편견을 버리고 생수라는 말씀에 깊이 빨려 들어갑니다.

여인이 예수께 말했습니다. "선생님, 선생님께는 두레박도 없고 이 우물은 깊은데 선생님께서는 어디에서 생수를 구한단 말입니까?"(요 4:11).

여인은 생수에 관심이 있습니다. 마찬가지로 사람들은 누구나 평소 하나님에 대해, 구원에 대해 관심이 있습니다. 한 번 마시면 영원히 목마르지 않을 생수를 마시고 싶어 하고, 천국에도 가고 싶어 합니다. 하지만 마음으로 원할 뿐, 막상 권하면 선택의 과정에서 거절하고 맙니다. 그 이유는 마음의 상처와 편견 때문입니다. 여인도 예수님이 한 번 마시면 영원히 목마르지 않을 생수에 대해 말씀하시자 정말 그런 것이 있느냐는 반응을 보입니다.

생수는 우물물이 아니고, 시냇물, 호숫물, 바닷물은 더욱 아닙니다. 사람은 항상 거짓 진리와 그 모조품 속에서 살아왔기 때문에 참된 진리를 만나 본 적이 없습니다. 그래서 진정한 생수에 대해 제대로 알지 못합니다. 사람은 참된 사랑을 만나면 충격을 받습니다. 여태껏 겪어 보지 못한 아름다운 사랑 이야기를 만나면, 그것에 깊이 빠져듭니다. 그만큼 사람은 참된 사랑과 진리에 목말라 있습니다.

사마리아 여인은 예수님의 말씀을 듣고 순간적으로 기뻐하지만, 세상에 그런 물이 있을 리 없다고 생각합니다.

선생님이 우리 조상 야곱보다 더 크신 분이십니까? 야곱은 우리에게 이 우물을 주었고 그와 그의 아들들과 가축들도 다 여기에서 물을 마시지 않았습니까?(요 4:12).

여인은 물의 소중함을 잘 알고 있습니다. 만약 사람에게 물이 없다면 살아갈 수 없음을 너무나 잘 알고 있습니다. 그녀는 조상이 마셨고, 그 후손과 짐승도 마시며 지금껏 살아온 야곱의 우물물보다 더 좋은 생수가 있는지 관심을 보입니다.

성경을 보면 우물이 구원과 깊은 관련이 있음을 알 수 있습니다. 창세기 16장 6-7절 말씀에 아브라함의 여종 하갈이 사래에게서 쫓겨나 사막을 헤매던 중에 천사를 만난 곳이 샘 곁, 바로 우물가입니다. 또한 창세기 24장에서 아브라함이 며느리를 얻기 위해 보낸 늙은 종이 리브가를 만난 곳도 우물가입니다. 우물은 예나 지금이나 사람들에게 로맨틱한 장소입니다.

특히 이삭은 우물과 인연이 많았습니다. 창세기 26장을 보면, 이삭이 땅을 팔 때마다 물이 나옵니다. 이것은 축복의 상징이기도 합니다. 창세기 29장 1-3절에 야곱의 우물 이야기가 나옵니다. 야곱이 자신의 형 에서로부터 도망해 도착한 곳이 지금 사마리아 여인이 물 길으러 나온 우물입니다. 야곱은 이 우물에서 물을 마시고 위로를 받았습니다.

영원히 목마르지 않을 샘물

당시 이스라엘 백성은 우물 없이 살 수 없었습니다. 그런데 예수님은 아브라함의 우물, 이삭의 우물, 야곱의 우물에서 나는 물을 마셔도 다시 목마를 것이라고 말씀하십니다. 아주 의미심장한 말씀입니다. 즉 구약의 종교는 다시 목마를 율법의 종교라는 뜻입니다. 율법이 잘못된 것은 아니지만, 율법을 마시는 자는 다시 목마릅니다. 왜냐하면 율법을 모두 지킬 수 있는 의로운 사람은 없기 때문입니다. 율법의 행위로 순간을 넘길 수 있을지 몰라도, 그 영혼은 항상 갈증을 느끼게 됩니다.

> 그러나 내가 주는 물을 마시는 사람은 영원히 목마르지 않을 것이다. 내가 주는 물은 그 사람 안에서 계속 솟아올라 영생에 이르게 하는 샘물이 될 것이다(요 4:14).

예수님은 사마리아 여인에게 알아듣기 쉬운 말로 메시지를 전하십니다. 예수님이 주시는 물은 조상의 우물물과 다르고, 한 번 마시면 영원히 목마르지 않을 것이라고 말씀하십니다.

여인은 무슨 뜻인지 알 것 같으면서도 이해하지 못해 합니다. 처음 교회에 온 사람들도 설교를 들으면 알 것 같으면서도 잘 모릅니다. 이것을 '타고르의 하나님'이라고 합니다. 인도의 타고르는 하나님과 가깝게 대화한 것 같지만 사실 그에게는 하나님이 계시지 않았습니다. 사람은 예수님을 만나야 하나님의 실체를 잡을 수 있습니다. 2,000년 전에 죽은 예수님을 오늘 만나려면 성령을 받아야 합니다.

예수님이 "내가 주는 물을 마시는 사람은 영원히 목마르지 않을 것이다"라고 말씀하시자, 여인은 그 말씀에 깊이 빠져듭니다. 예수님이 이와 비슷한 말씀을 하신 적이 또 한 번 있습니다. 사람은 빵을 먹어야 살 수 있는데, 육신을 위한 빵과 영혼을 위한 빵이 있다고 하신 말씀입니다. 마찬가지로 육신을 위해 마시는 물이 있고, 영혼을 위해 마시는 물이 있는 것입니다.

예수님의 말씀에서 생수에 관한 아주 중요한 사실을 발견할 수 있습니다. 즉 생수는 예수님이 주시는 것이란 사실입니다. 예수님이 주시는 생수는 영원히 솟아나는 샘물과 같습니다.

초막절의 가장 중요한 날인 마지막 날에 예수께서 일어나 큰 소리로 말씀하셨습니다. "누구든지 목마른 사람은 다 내게로 와서 마시라. 누구든지 나를 믿는 사람마다 성경의 말씀대로 생수의 강이 그의 배에서 흘러나올 것이다"(요 7:37-38).

예수님은 영원히 목마르지 않을 생수가 되십니다. 우리가 예수님을 믿는 것은 곧 그분을 마시는 일입니다. 예수님이 제자들에게 떡을 주면서 먹으라고 말씀하듯이, 예수님을 믿는 것은 그분을 먹는 일입니다.

많은 사람이 예수님을 이해하려고 하기 때문에 그분에 대해 잘 모르는 것입니다. 예수님은 사람들이 그냥 이해할 수 있는 분이 아닙니다. 예수님은 우리가 먹고 마셔야 이해되는 분입니다. 예수님이 우리 안에 들어오셔야 우리의 살과 피가 되고, 그것이 신앙이 되는 것입니다. 우리가 항상 목말라 하는 이유는 예수님을 하나의 대상으로 이해하려고 하기 때문입니다. 신앙은 명상이나 이해가 아니라 경험입니다. 영원한 '생수'와 '신앙'은 객관적 이론이 아니라 주관적 경험입니다.

> 그는 또 내게 말씀하셨습니다. "다 이루었다. 나는 알파요 오메가며 시작과 끝이다. 내가 목마른 사람에게 생명수 샘물을 값없이 줄 것이다"(계 21:6).

이 말씀에서 우리는 세 가지를 알 수 있습니다. 첫째, 생명수 샘물은 예수님한테서 나오는 것이고, 둘째, 생명수 샘물은 값없이 주는 것입니다. 누구든지 값을 지불하지 않고 무제한으로 마실 수 있습니다. 셋째, 예수님의 생명수 샘물을 마시는 자는 다시 목마르지 않습니다.

구약 시대에는 해마다 절기 때면 소나 양을 잡아 피를 흘리고 하나님께 제사를 드렸습니다. 하지만 신약 시대에는 예수님이 완전하고 영원한 속죄제를 드리셨기 때문에 다시 제사를 드릴 필요가 없습니다. 예수님의 희생으로 단번에 모든 것을 이루셨고 목마름도 사라지게 되었습니다. 예수님이 주시는 생명수는 "구원의 샘에서 기뻐하며 물을 길을 것"(사 12:3)이라는 말씀처럼 계속 솟아나는 특성이 있습니다. 생명수가 사람들을 영생으로 인도합니다.

나는 남편이 없나이다

사마리아 수가 마을의 여인은 예수님의 말씀에 점점 깊이 빨려 들어갑니다. 그러면서 여인은 예수님께 "선생님이 우리 조상 야곱보다 더 크신 분이십니까?"라고 묻습니다. 사람은 자신의 이성과 상식, 경험의 시각으로 세상을 바라봅니다. 또한 세상의 학문과 사고방식에 너무 익숙해져 있습니다. 지나치게 자신의 관점에서 세상을 바라보는 것이 문제입니다. 게다가 믿음의 관점으로 세상을 바라보는 능력을 갖추고 있지 않은 것이 더 큰 문제가 되고 있습니다. 따라서 사람은 인본주의 사고에서 돌이켜 믿음의 눈으로 세상을 바라볼 수 있어야 합니다.

> 여인이 예수께 말했습니다. "선생님, 제게 그 물을 주십시오. 제가 목마르지도 않고 다시는 물 길러 여기까지 나오지 않게 해 주십시오"(요 4:15).

여기서 사마리아 여인이 좀 더 발전한 모습을 볼 수 있습니다. 처음에는 예수님의 말씀에 의아해하다가 차츰 호기심을 드러내더니 이제 적극적인 자세를 보이고 있습니다. 그런데 갑자기 예수님은 청천벽력 같은 말씀을 하십니다. 예수님이 여인에게 "가서 네 남편을 불러오너라"(요 4:16)라고 말씀하신 것입니다.

예수님은 사마리아 여인을 다음 단계로 몰아가십니다. 여인이 전혀 예상치도 못한 허를 찌르신 것입니다. 예수님이 남편을 불러오라고 말씀하신 이유는 여인을 옥죄고 있던 과거가 올무로 작용하고 있기 때문입니다. 과거가 정리되지 않으면 미래도 없습니다. 여인은 마음의 병에 대한 근원을 숨긴 채 외과적 현상만을 말하고 있었던 것입니다.

예전에 폐결핵을 앓은 적이 있습니다. 피곤하고 미열이 난다고 해열제를 복용했지만, 폐결핵을 치료할 수는 없었습니다. 외과적 증상을 없앤다고 병이 치료되지는 않았습니다.

마찬가지로 영적 구원도 외부적 현상에 대한 근본을 치료하는 것입니다. 예수님은 우리 과거를 치유하기 원하십니다. 여인은 남편을 데려오라는 예수님의 말씀에 화들짝 놀랍니다. "저는 남편이 없습니다." 예수님이 여인에게 말씀하십니다. "네가 남편이 없다고 한 말이 맞다"(요 4:17).

구원은 과거를 청산하고 죄를 회개하는 데서 시작됩니다. 예수님이 처음부터 남편을 데려오라고 하셨다면, 사마리아 여인은 도

망가고 말았을 것입니다. 하지만 여인은 이제 예수님한테 단단히 붙잡혀 옴짝달싹 못하게 되었습니다.

예수님을 만나게 되면 도망치지 마십시오. 그분 앞에서 자기 죄를 회개하고 마음의 상처를 치유 받아야 합니다. 그리고 영원히 목마르지 않을 생명수를 얻어 마시고, 구원의 축복으로 들어가는 역사를 이루십시오.

22

이제야
당신이 보입니다

요한복음 4:16-26(1)

가장 아픈 곳을 부드럽게 여시다

세상 사람들은 인생이 허무하고 고통스럽다고 하소연하기를 즐깁니다. 사마리아 여인도 예외가 아닙니다. 예수님은 그런 여인을 외면하지 않으십니다. 예수님이 "너에게 영원히 목마르지 않을 생수를 주고 싶다"고 말씀하시자 사마리아 여인이 "정말 나 같은 여자에게도 이런 기적 같은 일이 일어날 수 있을까?" 하면서 기대감을 나타냅니다. 그런데 예수님이 갑자기 찬물 끼얹듯 가서 남편을 불러오라고 하십니다.

'다른 것은 몰라도 제발 그 말만은 하지 않았으면…' 하는 것들이 있기 마련입니다. 아마 사마리아 여인에게는 남편 문제가 꼭 숨기고 싶은 부분이었을 것입니다. 예수님의 말씀에 여인은 일순간 절망했지만, 곧 솔직하게 대답합니다. "저는 남편이 없습니다."

예수님은 그 여인에 관해 이미 모든 것을 알고 계셨습니다. 과거에 남편이 다섯 있었고, 지금 살고 있는 남자는 남편이 아니라는 사실까지 말입니다.

실은 전에 네게 남편이 다섯이나 있었고 지금 함께 사는 남자도 네 남편이 아니니 네가 지금 한 말이 맞구나(요 4:18).

여기서 두 가지 메시지를 발견합니다. 첫째, 예수님을 만나 영원히 솟아나는 생명수 샘물을 얻으려면 과거를 정리해야 한다는 것입니다.

과거 없는 사람이 어디 있겠습니까? 하지만 과거의 상처를 치유받고 사는 사람은 많지 않습니다. 대부분의 사람은 과거를 그냥 묻어 둔 채로 미래를 향해 나아가려고 합니다. 그래서 인생의 행복이 잡힐 듯하면서도 잡히지 않는 것입니다. 과거가 깨끗이 정리되어야 밝은 미래를 활짝 열 수 있습니다.

사람들은 자신의 과거에 대해 여러 가지 태도를 보입니다. 첫째, 과거의 상처를 드러내어 치유하지 않고 오히려 묶어 놓는 것입니다. 문제가 생길수록 자신의 과거를 더욱 감추려고 합니다. 둘째, 과거의 문제에 대한 해결의 필요성을 인정하면서도 자꾸 미루는 것입니다. 셋째, 과거 문제를 정면 돌파하는 것입니다. 자신에게 문제 해결에 대한 능력이 없음을 알고, 자기 자신을 속이거나 문제를 보류하기보다 솔직하게 털어놓아야 합니다.

수가 마을의 우물가 여인이 여기에 해당합니다. 그녀는 예수님께 자신의 모든 것을 솔직하게 털어놓습니다. 주님께 자신에 대한 모든 것을 솔직히 털어놓을 때 우리는 축복을 경험할 수 있습니다.

고백은 독백이 아닙니다. 상대방이 그 말을 들어주어야 합니다. 우리가 신앙을 고백할 때, 예수님이 들으시고 "너의 고백이 옳다"고 하실 때 참다운 고백이 됩니다.

두 번째 메시지는 예수님이 우리의 형편을 소상히 알고 계시다는 것입니다. 예수님과 사마리아 여인은 처음으로 만나 몇 마디 대화를 나누었을 뿐입니다. 하지만 예수님은 여인의 과거에 대해 묻지 않으셨지만, 이미 그녀에 관해 속속들이 알고 계셨습니다. 예수님은 여인에게 "네가 함께 살고 있는 남자를 데려오라"고 하시지 않고 "네 남편을 불러오너라"고 말씀하십니다. 그래서 여인은 당황하기 시작한 것입니다. 예수님이 함께 살고 있는 남자를 데려오라고 말씀하셨으면 아무 문제도 없었을 텐데, 남편을 불러오라고 하시니 문제가 생긴 것입니다.

예수님은 사람의 몸을 입고 오신 하나님의 아들이시고 인류의 구원자시므로 사람의 과거는 물론 미래까지 훤하게 꿰뚫어보십니다. 우리를 만나 얘기를 듣고 아시는 것이 아니라 만나지 않고 얘기를 듣지 않아도 모든 것을 알고 계십니다. 우리가 고백하지 않아도 이미 우리의 모든 것을 읽고 계십니다.

누군가 우리의 과거와 마음속까지 알고 있다면 어떻게 될까요? 자신에 대해 전부 알고 있다는 사실에 부끄럽기도 하고 한편으로 겁도 날 것입니다. 반면 안심도 되고 위로가 될 수도 있습니다. 이미 모든 것을 알고 있으니 더 이상 숨길 게 없어서 한결 편하기도 할 것입니다.

하지만 중요한 것은 우리의 모든 것을 알고 계신 하나님은 믿을 수 있는 분이라는 사실입니다. 우리에 대해 전혀 모르는 사람에게 감추는 것은 의미가 있습니다. 하지만 우리에 대해 모든 것을 알고 있는 사람에게 감추는 것은 어리석은 일입니다. 우리에 대해 모든 것을 아시는 하나님이 우리를 사랑하기까지 하시니 감동할 수밖에 없습니다.

다윗은 "여호와는 내 목자시니 내게 부족한 것이 없습니다. 그분이 나를 푸른 목장에 눕히시고 잔잔한 물가로 인도하십니다. 내 영혼을 회복시키시고 당신의 이름을 위해 의로운 길로 인도하십니다. 내가 죽음의 그림자가 드리운 골짜기를 지날 때라도 악한 것을 두려워하지 않는 이유는 주께서 나와 함께 계시기 때문입니다. 주의 지팡이와 막대기가 나를 지키시고 보호하십니다"(시 23:1-4)라고 노래했습니다.

살아 계신 하나님은 철학적이거나 이론적인 존재가 아니십니다. 우리 삶에 실제로 개입하여 인생의 한숨과 설움과 고통을 만져 주시고, 치유하여 회복시켜 주시는 분입니다.

예수님이 우리를 아시고 만나 주시니 그저 감사한 일입니다. 여인이 말합니다. "선생님, 제가 보니 당신은 예언자십니다"(요 4:19). "제가 보니"라는 기록으로 보아 여인의 눈이 밝아져 예수님에 대한 이해가 달라진 것 같습니다.

여인은 야곱의 우물에서 처음 예수님을 만났을 때 '사마리아 사람을 무시하는 유대인 남자'로만 생각했습니다. 그런데 예수님이 "네가 물을 달라고 하는 사람이 누구인지 알았다면 영원히 목마르지 않을 생수를 구했을 것이다"라고 말씀하시는 순간, 여인의 생각이 조금 달라졌습니다. "선생님이 우리 조상 야곱보다 더 크신 분이십니까?"라고 묻습니다. 예수님이 "네 남편을 불러오너라"고 하자 여인은 이제 "선생님, 제가 보니 당신은 예언자십니다"라고 고백하기에 이릅니다.

드러내니 시원하지 않은가

여기서 우리는 예수님에 대해 처음부터 전부 알 수는 없다는 사실을 깨닫습니다. 사람들은 처음부터 예수님을 구세주로 쉽게 받아들이지 않습니다. 우선 '갈릴리 바닷가에 살던 30대 유대 청년'에서부터 접근해 갑니다. 예수님의 참된 모습을 볼 수 없어 자신의 믿음 수준에서 이해하기 시작하는 것입니다. 그 후 예수님에 대해 눈을 뜨고 조금씩 알아 가게 됩니다. 사마리아 여인의 믿음 수준은 '예수님이 예언자보다 좀 나은 것 같다'까지 올라갑니다.

> 우리 조상들은 이 산에서 예배를 드렸는데 당신네 유대 사람들은 '예배는 예루살렘에서만 드려야 한다'라고 말합니다(요 4:20).

예수님과 여인의 첫 번째 화제는 마시는 물이었습니다. 그런데 여인이 예수님에 대해 눈을 뜨면서 화제가 예배로 바뀝니다. 우리도 화제와 관심의 대상을 발전적으로 바꿔 나가야 합니다. 먹고 마시는 문제, 자식과 직장 문제 등에서 한 걸음 더 나아가 생명력 있는 얘기로 화제를 바꿔야 합니다.

이제 우리는 사마리아 여인한테서 희망을 볼 수 있습니다. 사회로부터 한 번도 사랑과 존경을 받아 보지 못한 여인이 물 길러 우물에 왔다가 하나님의 아들 예수 그리스도를 만나 눈을 뜨면서 예배 문제에 관심을 갖기 시작한 것입니다.

우리는 사마리아 여인을 통해 삶을 새롭게 하는 두 가지 방법을 배우게 됩니다. 하나는 예수님과 끊임없이 대화하는 것입니다. 예수님이 물을 달라고 청하셨을 때 여인이 무시하고 그냥 가 버렸다면 아무 일도 일어나지 않았을 것입니다. 전도하다 보면 복음을 듣고 그냥 지나가 버리는 사람들을 종종 보게 됩니다. 좀 더 들으면 좋을 텐데 들으려고 하지 않습니다.

우리는 끊임없이 설교를 들어야 합니다. 예수님에 대해 한꺼번에 깨닫고 받아들일 수 없기 때문입니다. 예배에 참석하고 성경 공부와 각종 모임에도 참석해 예수님에 대해 듣고 배워야 합니다. 주일에 교회에 왔다가 예배만 드리고 가는 사람은 정말 불쌍합니다. 그나마 예배 시간에 졸고 나면 남는 것이 아무것도 없습니다. 더 이상 예수님에 관해 알 기회가 없는 것입니다. 하지만 사마리아 여인은 계속 예수님과 대화하면서 자신도 모르는 사이에 영적 대화를 나누었습니다.

또 하나는 죄 문제에 대해 솔직해야 합니다. 사람은 누구나 자신의 과거와 상처를 건드리면 싫어합니다.

그러므로 어떤 피조물이라도 하나님 앞에 숨을 수 없고 오히려 모든 것은 우리에게서 진술을 받으실 그분의 눈앞에 벌거벗은 채 드러나 있습니다(히 4:13).

사람은 자신을 속일 수는 있어도 하나님은 속이지 못합니다. 예수님 앞에 만물이 벌거벗은 것처럼 우리의 모든 것이 드러나기 때문입니다. "모든 것을 죄 아래 가두었습니다"(갈 3:22)라는 말씀이 있습니다. 성경은 "만일 우리가 죄를 짓지 않았다고 말한다면 우리는 하나님을 거짓말쟁이로 만드는 것"(요일 1:10)이라고 강조합니다. 만약 우리가 죄인이 아니라고 한다면, 하나님은 거짓말쟁이가 되시고 맙니다.

우리는 죄 문제를 해결할 능력이 없는 존재입니다. 그러므로 하나님 앞에 나아와 자신의 죄악과 상처를 드러내 놓고 용서와 치유를 구해야 합니다.

용서하시는 이에게 죄를 고백하라

사마리아 여인이 예수님께 자신의 과거를 모두 드러낸 것은 매우 훌륭한 일입니다. 가톨릭은 사제에게 죄를 고백합니다. 하지만 죄는 사람에게 고백하는 것이 아닙니다. 죄는 예수님께 직접 고백해야 합니다. 사람에게 잘못하면 당사자에게 사죄하고, 나라에 잘못했으면 나라에 용서를 구해야 합니다. 하지만 하나님께 죄를 지었으면 주님께 용서를 구해야지 사람에게 구하는 것은 진리가 아닙니다. 수가 마을의 여인은 예수님께 자신의 과오를 모두 쏟아놓습니다.

죄를 고백하는 것은 축복의 시작입니다. 하나님 앞에 정직한 고백은 은총의 시작입니다. 성경은 "의인은 없으니 하나도 없고 깨닫는 자도 없고 하나님을 찾는 자도 없다"(롬 3:10-11)고 말합니다. 지구 상에서 의인은 예수님 외에 아무도 없습니다.

성경은 "모든 사람이 죄를 지었으므로 하나님의 영광에 이르지 못합니다"(롬 3:23)라고 선언하고 있습니다. 모든 사람은 죄인이기에 하나님께 갈 수도 없고 그분의 영광에 이를 수도 없습니다. 그래서 "죄의 대가는 죽음이요, 하나님의 은사는 그리스도 예수 우리 주 안에 있는 영생"(롬 6:23)입니다.

이제 우리는 희망을 찾아야 합니다.

그러나 이제 그리스도 예수 안에 있는 사람들은 정죄를 받지 않습니다. 이는 그리스도 예수 안에 있는 생명의 성령의 법이 죄와 죽음의 법에서 여러분을 해방했기 때문입니다(롬 8:1-2).

만약 사람이 하나님께 자신의 죄를 자백하면 죄와 사망의 법에서 해방시켜 주시고 성령과 생명의 법으로 인을 쳐 주시며 정죄하지 않는다고 약속하셨습니다. 그 덕분에 우리에게 영원히 목마르지 않을 생명수 샘물과 구원의 축복이 주어집니다.

"가서 네 남편을 불러오너라"는 예수님의 말씀에 여인은 매우 곤혹스러웠을 것입니다. 여인의 가장 고통스러운 치부를 드러내는 말씀이기 때문입니다. 아프고 부끄럽다고 해서 자신의 잘못을 숨겨선 안 됩니다. 문제 해결을 미루어서도 안 됩니다. 예수님께 나아가 낱낱이 고백하고 용서를 구하십시오. 그러면 예수님이 문제를 해결해 주시고, 축복해 주실 것입니다.

이 말씀을 마음에 새겨 항상 기억하십시오.

> 수고하고 무거운 짐을 진 모든 사람은 다 내게로 오라. 내가 너희를 쉬게 할 것이다(마 11:28).

예수님 앞에 나아와 자신의 죄악을 드러내고 고백하는 사람은 삶의 굴레에서 자유케 되는 축복을 누릴 것입니다.

23

예배가
그립습니다

요한복음 4:16-26(2)

문제는 영적인 갈증이다

사마리아의 수가 마을에 사는 여인은 예수님과 이야기를 나누는 동안 영적인 눈이 뜨이기 시작했습니다. 예수님이 결정적인 순간에 그녀의 치부를 건드리시자 그것이 오히려 여인을 구원하는 결정적인 계기가 됩니다. 여인은 숨기고 싶은 자신의 과거를 고백함으로써 자유함을 얻었고, 동시에 마음에 큰 변화가 일었습니다. 하나님을 인정하는 순간에 겪는 변화입니다.

> 우리 조상들은 이 산에서 예배를 드렸는데 당신네 유대 사람들은 '예배는 예루살렘에서만 드려야 한다'라고 말합니다(요 4:20).

여인은 가장 먼저 하나님께 드리는 예배를 떠올립니다. 예수님과 대화를 나눌수록 자신도 모르는 사이에 그분이 단순한 대화 상대가 아닌 예배의 대상이심을 깨달은 것입니다.

그녀는 예배의 혼란 문제를 호소합니다. 자신의 조상들은 그리심산에서 예배하라고 했고, 유대인들은 예루살렘에서 예배하라고 했기 때문입니다. 놀라운 것은 이런 질문을 던지는 것 자체가 여인에게 기적 같은 일이라는 사실입니다. 물을 긷기 위해 대낮에 우물에 나온 여인이 예수님을 만나 자기도 모르는 사이에 예배 문제에 관심을 갖게 되었으니 말입니다.

사람은 대개 무엇을 입을까, 무엇을 먹을까, 무엇을 마실까에 집중합니다. 그러다 어느 날 갑자기 대화의 주제가 달라집니다. 지금까지 가졌던 세상적인 관심에서 기도, 섬김, 헌신 등 영적 관심으로 대상이 바뀝니다. 이성은 사물을 객관적으로 이해하고 정보를 해석하는 능력입니다. 하지만 예배는 사물을 이해하고 분석하는 것을 넘어 예수님을 믿고 경배하고 찬양하고 따르는 것입니다. 신앙은 하나님에 관해 분석하고 연구하는 것이 아니라 오직 하나님을 믿고 경배하고 따르는 것입니다.

하나님과 성경에 관해 가졌던 이성적인 판단을 넘어서야 합니다. 사람은 지식으로 변화되는 것이 아니라 하나님께 예배할 때 변화됩니다. 무릎을 꿇고 찬양할 때, 하나님과의 개인적인 관계가 새로워지고 닫혔던 마음이 열리고 움츠렸던 인생이 비로소 펴지기 시작합니다.

예수님은 예배에 관해 혼란을 겪고 있는 여인에게 "여인아, 나를 믿어라. 이제 이 산도 아니고 예루살렘도 아닌 곳에서 아버지께 예배드릴 때가 올 것이다"(요 4:21)라고 말씀하십니다. 예배 장소가 핵심이 아님을 강조하신 것입니다. 예배 분위기나 형식이나 느낌은 중요하지 않다는 뜻입니다. 예배의 과정일 뿐 본질은 아닙니다.

참된 예배란 무엇인가

예배는 누구에게 예배하느냐가 중요합니다. 오직 하나님께만 예배하는 것이 참된 예배입니다. 〈내 영혼이 은총 입어〉(새찬송가 438장)를 들을 때마다 하나님께 신령과 진정으로 드리는 참된 예배가 무엇인지 생각하게 됩니다. 특히 3절 가사를 보십시오.

"높은 산이 거친 들이 초막이나 궁궐이나 / 내 주 예수 모신 곳이 그 어디나 하늘나라 / 할렐루야 찬양하세 내 모든 죄 사함 받고 주 예수와 동행하니 그 어디나 하늘나라."

예배에서 중요한 것은 "하나님께 무엇을 드리느냐"입니다. 그래서 우리는 하나님께 헌금을 드립니다. 세상에서 소중하게 생각하는 물질을 하나님께 드리는 것은 매우 귀한 일입니다. 또한 하나님께 시간을 드리는 것도 중요합니다. 참된 예배를 아는 사람은 예배시간에 늦지 않습니다. 주일 예배를 위해 토요일부터 정성스럽게 예배를 준비합니다. 목욕하고 깨끗한 옷으로 갈아입습니다. 누가 시켜서 하는 게 아니라 하나님을 사랑하기에, 하나님께 잘 보이고 싶어서 떨리는 마음으로 준비하는 것입니다.

> 너희 사마리아 사람들은 알지 못하는 것을 예배하지만 우리 유대 사람들은 알고 있는 것을 예배한다. 이는 구원이 유대 사람들로부터 나오기 때문이다(요 4:22).

참된 예배는 알고 있는 것을 예배합니다. 반대로 거짓 예배는 알지 못하는 것을 예배합니다. 사마리아인은 열정적으로 예배했지만 예배의 대상이 누구인지 잘 모르고 행했습니다. 전통에 따라 본능적으로 예배한 것입니다. 왜 예배하는지, 누구에게 예배하는지 깊이 생각하지도 않았습니다. 그들은 모세 오경만 성경으로 인정하고 나머지 성경은 인정하지 않았습니다. 그래서 성경을 전체적으로 보지 못해 하나님에 대한 지식이 제한되어 있었습니다. 그들은 자신들이 아는 것을 진리의 전부로 생각하며 예배했습니다.

예수님은 여인에게 사마리아인은 하나님이 어떤 분인지 모르고 있다고 지적하십니다. 그들은 하나님이 독생자 예수 그리스도를 세상에 보내신 것을 알지 못하고, 자신의 조상들이 그랬던 것처럼 순서에 따라 춤추고 송아지를 잡아 피 흘리는 것을 예배로 여긴다고 말씀하십니다. 그러나 그것은 겉으로 보기에는 화려하지만, 내용 없는 예배라고 지적하십니다. 형식이 복잡할수록 내용은 상대적으로 빈약한 법입니다. 사람은 무의식적으로 형식을 답습하는 존재임을 상기해야 합니다.

예수님은 진정한 예배란 그 대상을 분명히 알고 있는 것이라고 말씀하십니다. '하나님을 예배한다'는 말은 매우 광범위한 것입니다. 많은 종교가 나름대로 규정한 절대자를 두고 있습니다. 그러면 그 절대자, 즉 하나님이 누구인가 하는 문제가 발생합니다. '인간은 절대자이신 하나님을 어떻게 알고 예배하는 것인가?' 이 문제에 대해 예수님은 사마리아 여인에게 짧지만 분명하게 말씀해 주십니다. "구원이 유대 사람들로부터 나오기 때문"(요 4:22)이라고 말입니다. 참된 구원자는 이방인한테서 나지 않습니다. 이는 좀 황당한 말씀인지 모르겠지만, 분명한 사실입니다. 성경은 메시아가 유대인한테서 난다고 확실하게 가르칩니다.

> 아브라함의 자손이며 다윗의 자손인 예수 그리스도의 족보입니다 (마 1:1).

> 예수 외에 다른 어느 누구에게서도 구원을 받을 수 없습니다. 하나님께서는 하늘 아래 우리가 구원받을 만한 다른 이름을 우리에게 주신 일이 없기 때문입니다(행 4:12).

하나님은 자신을 세상에 계시하시고 인류를 구원하실 때 이방인을 통하지 않고 아브라함과 다윗의 자손, 즉 유대인의 자손한테서 메시아가 나게 하셨습니다. 따라서 예수님은 육신적으로 아브라함과 다윗의 계보를 잇고 탄생하셨습니다.

그러나 예수님이 이 땅에 오셨을 때 유대인들은 영접하지 않았습니다. 그들은 구원이 유대인한테서 난다는 사실을 알고 있었으면서도 아브라함과 다윗의 혈통을 잇는 예수님을 인정하지 않았습니다. 그래서 복음이 이방인에게 전해진 것입니다. 이에 대해 예수님이 말씀하십니다.

> 이제 참되게 예배하는 사람들이 영과 진리로 아버지께 예배드릴 때
> 가 오는데 지금이 바로 그때다. 아버지께서는 이렇게 예배드리는
> 사람들을 찾고 계신다(요 4:23).

영과 진리로 예배드려야 할 때

사마리아 여인은 예수님께 예배의 방법과 장소에 관해 질문합니
다. 하지만 예수님은 예배의 방법, 장소, 형식 등은 중요하지 않다
고 말씀하십니다. 예배의 핵심은 하나님께 신령과 진정으로 예배
하는 것입니다. 신령과 진정으로 드리는 예배는 곧 성령으로 하는
예배를 말합니다. 육체와 이성으로 하는 예배가 아니라 성령 안에
서 예배하는 것을 말합니다. 영으로 기도하고 예배하면 전혀 다른
세계가 열립니다.

또한 예배는 진리로 하는 것입니다. 진리는 하나님 말씀을 가리
킵니다. 하나님 말씀이 충만한 예배, 말씀에 근거한 예배가 참된
것입니다. 참된 예배의 대상은 바로 하나님이십니다. 참된 예배의
방법은 성령과 말씀입니다. 우리가 참된 예배를 드릴 때, 하나님의
놀라운 은혜와 능력이 강물처럼 흘러넘치게 됩니다.

그런데 사마리아인은 진리 없이 영으로 예배드리고, 유대인은

영이 없이 진리로만 예배드립니다. 결국, 사마리아인과 유대인은 서로 반쪽짜리 예배를 드린 것입니다. 성령과 말씀이 하나가 되어 하나님께 드리는 예배가 참된 것입니다.

재미있는 것은 "이제 참되게 예배하는 사람들이 영과 진리로 아버지께 예배드릴 때가 오는데 지금이 바로 그때"(요 4:23)라는 사실입니다. 당시 구약의 전통적인 예배, 즉 유대인의 말씀 중심의 예배와 사마리아인의 열정적 예배가 있었지만, 신령과 진정으로 드리는 예배는 없었습니다. 그래서 예수 그리스도께서 이 땅에 오셔서 예배가 완성되었다고 말하는 것입니다.

> 하나님은 영이시니 하나님께 예배드리는 사람은 영과 진리로 예배 드려야 한다(요 4:24).

우리는 신령과 진정으로 예배해야 합니다. 신령과 진정으로 예배하는 것이 가능한 이유는 예수 그리스도께서 이 땅에 오셨기 때문입니다. 하나님은 자물쇠이십니다. 그런데 자물쇠를 열 수 있는 열쇠는 단 한 가지밖에 없습니다. 바로 예수 그리스도이십니다. 예수님의 열쇠로 하나님의 자물쇠를 열면, 하나님을 볼 수 있고 그분의 능력이 나타나고 구원이 선포되는 것입니다.

여인이 예수께 말했습니다. "저도 그리스도라고 하는 메시아가 오실 것을 압니다. 메시아가 오시면 우리에게 모든 것을 알려 주실 것입니다"(요 4:25).

사마리아 여인의 생각이 명확하고 분명해졌습니다. 여인은 인류를 구원하실 그리스도에게 집중하게 되었습니다. 이에 대해 예수님이 다음 말씀을 통해 대답하십니다.

그러자 예수께서 여인에게 말씀하셨습니다. "지금 네게 말하고 있는 내가 바로 그 메시아다"(요 4:26).

예수님이 자신이 그리스도임을 밝혔을 때 사마리아 여인은 너무나 놀란 나머지 기절했을 것입니다. 이것이 바로 '예수님을 만난 순간'의 광경입니다.

우리는 교회에서 설교를 듣다가 졸기도 하고, 마지못해 헌금하고, 남들 따라 구제 사역도 합니다. 그러다가 그리스도에 관해 눈을 뜨기 시작하면, 진지하게 묻게 됩니다.

"정말 예수님이 나를 위해 죽었다가 살아나신 구세주인가?"

이때 예수님이 조용히 대답하십니다.

"그래, 내가 그다."

그 순간, 우리 눈에 눈물이 차오르고 맙니다.

부디 모든 사람이 예수 그리스도를 만나기를 바랍니다.

24

전하고
싶습니다

요한복음 4:27-42

삶의 목적을 찾다

사마리아 여인은 예수님과 대화를 나누면서 그분이 그리스도이심을 깨달았습니다. 그 순간, 주위는 그대로인데 여인의 마음속에 엄청난 변화가 일어났습니다. 사람은 그리스도를 만나면 변합니다. 자신이 바라보던 세상을 다른 방향에서 바라보게 됩니다.

예수님이 사마리아 여인에게 그리스도이심을 밝히시고 난 뒤에 동네로 음식을 구하러 갔던 제자들이 돌아옵니다. 제자들은 예수님이 사마리아 여인과 대화를 나누시는 모습을 보고 놀라 의아하게 생각합니다(요 4:27). 당시 관습에 따르면 랍비가 공개적인 장소에서 여인과 단둘이서 대화하는 것은 적절한 행동이 아니었습니다. 게다가 사마리아 여인이 아닙니까? 유대인이 사마리아인을 천대하는 사회적 관습에 젖어 있던 제자들은 예수님의 행동을 보고 몹시 당황한 것입니다.

여인은 물 항아리를 내버려둔 채 마을로 돌아가 사람들에게 말했습니다. "와서 내 과거를 모두 말해 준 사람을 보십시오. 이분이 그리스도가 아니겠습니까?"(요 4:28-29).

제자들은 여인의 변화를 알아채지 못하지만, 예수님은 모든 것을 알고 계십니다.

사마리아 여인에게 일어난 일을 세 가지로 요약할 수 있습니다. 첫째, 여인은 물동이를 버려두고 급히 떠납니다. 여인이 우물에 온 목적은 물을 긷기 위해서였습니다. 그런데 우물가에서 예수님을 만난 것입니다. 그녀는 그리스도를 만난 후 자신이 우물에 온 목적을 잊어버린 채 모든 것을 버려두고 곧장 마을로 뛰어갔습니다.

사마리아 여인한테서 처음 예수님을 만난 사람들의 특징을 발견할 수 있습니다. 우리는 나름대로 인생의 목적과 사명을 가지고 살아갑니다. 그러다가 예수님을 만나면 전혀 다른 세계로 들어가게 됩니다. 사마리아 여인은 물 항아리를 내버려두고 지금까지 살아왔던 인생의 목적과 방향을 전면 수정하게 됩니다.

둘째, 여인은 마을로 돌아가 사람들한테 자신이 만난 그리스도에 대해 증거합니다. "내가 그리스도를 만났는데 와서 그분을 만나 보라"고 초청합니다. 여인은 평소 마을 사람들의 입방아에 오르내리는 것을 싫어했습니다. 그래서 대인기피증에 걸려 항상 사람들을 피해 다녔습니다.

그런데 예수님을 만난 후 변화되어 마을로 돌아가 사람들에게 그리스도를 만났다고 증거하면서 와서 만나 보라고 외칩니다. 여인은 외면하고 싶은 사람들에게 달려간 것입니다. 복음을 믿으면 평소 꺼리던 사람들을 찾아가게 되고, 원하지 않던 곳으로 달려가게 됩니다. 사마리아 여인처럼 "내가 그리스도를 만났다. 와서 보라"고 초청하는 용기도 생깁니다.

셋째, 메시아, 곧 오실 그리스도가 바로 예수님이라는 메시지를 정확히 찾은 것입니다. 유대의 지성인이고 사회적 명사이고, 종교적으로 성숙한 바리새인 니고데모는 진리를 갈구했지만, 예수님을 만나지 못했습니다. 그는 예수님한테서 "다시 태어나야 한다"는 요구를 받았지만, 확실한 대답을 하지 못한 채 물러났습니다.

반면 사마리아 여인은 무식하고 천박하다고 사람들에게 손가락질을 받으며 살아왔지만, 예수 그리스도를 만나 인생의 목적을 확실하게 붙잡는 메시지를 듣게 됩니다. 더 놀라운 사실은 다음 말씀에 있습니다. 사람들이 마을에서 나와 예수님에게로 나아간 것입니다(요 4:30).

수가 마을 사람들이 여인이 전한 단순한 메시지를 듣고 예수님 앞으로 나아가다니 이 얼마나 놀라운 일입니까! 누가 이 여인의 말에 귀를 기울였던 적이 있습니까? 그런데 신기하게도 마을 사람들은 여인의 말을 듣고 마음이 움직이기 시작했습니다. 비록 부족하고 보잘것없는 사람이라 할지라도 예수 그리스도와의 만남을 확신에 차서 선포한다면, 주위 사람들은 그 말을 듣고 따르게 됩니다. 마을 사람들은 여인이 하는 말을 듣고 예수님이 그리스도인지 알아보려고 나아옵니다.

그 마을에 사는 많은 사마리아 사람들은 여인이 '그분이 내 과거를
모두 말해 준 사람이다'라고 증거했기 때문에 예수를 믿었습니다
(요 4:39).

마을 사람들이 여인으로 말미암아 예수님을 믿게 되었습니다.
사람들은 우리가 전하는 복음을 듣고 예수님을 따르게 됩니다. 개
인의 지식과 능력, 사회적 지위로 예수님을 믿게 하는 것이 아니라
"내가 예수님을 만났다"는 단순한 고백과 감격으로 사람들의 마
음을 움직여서 그분을 믿게 하는 것입니다.

그래서 사마리아 사람들은 예수께 나아와 그들과 함께 머물 것을 청
했습니다. 예수께서는 그곳에 이틀 동안 머무르셨습니다. 그래서 더
많은 사람들이 예수의 말씀을 듣고서 믿게 됐습니다(요 4:40-41).

수가 마을 사람들이 예수님을 믿게 된 것은 여인이 전한 말 때문
이 아닙니다. 그들이 직접 예수님을 만나 말씀을 들으면서 믿게 된
것입니다. 우리는 세상 사람들을 예수님께로 인도하는 중간 역할
을 해야 합니다. 그러나 사람들의 마음에 믿음을 심으시는 분은 다
름 아닌 예수님입니다.

사람들이 여인에게 말했습니다. "이제 우리가 믿는 것은 당신의 말

때문에 믿는 것이 아니오. 우리가 그 말씀을 직접 듣고 보니 이분이 참으로 세상의 구주심을 알게 됐소"(요 4:42).

전도할 때 두려움을 갖지 마십시오, 세상 사람들에게 예수님을 소개하고, 그들을 예수님께로 데려오십시오. 그러면 예수님이 그들 마음속에 역사하실 것입니다. 사람들은 예수님을 만나지 못해 믿지 못하는 것입니다. 예수님에 관한 복음을 들을 기회가 없어서 믿지 못하는 것입니다.

세상은 알지 못하는 양식

사마리아 여인이 마을로 돌아가 예수님을 전하고 동네 사람들이 예수님께 나아와 믿게 되는 상황이 벌어지는 동안에 예수님과 제자들 사이의 대화가 소개됩니다.

한편 제자들은 예수께 청했습니다. "랍비여, 뭘 좀 드십시오." 그러나 예수께서는 그들에게 말씀하셨습니다. "내게는 너희가 알지 못하는 양식이 있다"(요 4:31-32).

예수님과 제자들 사이에 잠시 대화가 삐걱거리는 것을 엿볼 수 있습니다. 왜냐하면 제자들은 육적인 데 관심이 있고 예수님은 영적인 데 관심을 두셨기 때문입니다. 우리는 하나님과 대화가 통해야 합니다. 또한 부모, 부부, 자녀, 형제 사이에도 대화가 통해야 합니다.

먹을 것을 사러 마을로 들어갔던 제자들이 돌아와 함께 먹게 되었지만, 예수님은 음식을 잡수시지 않습니다.

> 그러자 제자들이 서로 수군거렸습니다. "누가 벌써 드실 것을 갖다 드렸는가?" 예수께서 말씀하셨습니다. "내 양식은 나를 보내신 분의 뜻을 행하고 그분의 일을 완성하는 것이다"(요 4:33-34).

육적인 사람은 오로지 육적인 것에만 관심을 둡니다. 하지만 영적인 사람은 항상 영적인 것에 관심을 둡니다. "생명을 주는 것은 영이므로 육신은 아무 소용이 없다. 내가 너희에게 한 말은 영이요, 생명이다"(요 6:63)라는 말씀처럼 육의 마지막은 사망입니다. 예수님의 관심은 육신의 배를 채우는 양식에 있는 것이 아니라 영혼을 채우는 영원한 참된 양식에 있습니다.

사마리아 여인은 물을 긷기 위해 우물에 왔습니다. 그때 예수님은 영원히 목마르지 않을 생수를 주겠다고 말씀하셨습니다. 처음에는 예수님과 여인의 관심사가 서로 달랐던 것처럼, 제자들도 마찬가지입니다. 세상적인 것에 골몰하는 사람은 하나님의 말씀을 듣지 못합니다. 오늘날은 하나님 말씀이 없어 들리지 않는 것이 아니라 하나님 말씀을 알아듣지 못해 듣지 못하는 시대입니다.

예수님은 제자들에게 참된 양식이란 "보내신 분의 뜻을 행하는 것"이라고 강조하십니다. 제자들은 예수님과 사마리아 여인의 대화 내용이 무엇인지 몰랐을 뿐 아니라 관심도 없었습니다. 여인의 영혼을 불쌍히 여기지 않고, 구원의 관점으로 보지도 못합니다.

교회에서 일할 때도 영적 관점으로 바라봐야 하는데, 자꾸 세상의 실리적인 면으로 판단하는 경향이 있습니다. 이것이 많은 사람의 마음 상태입니다. 제자들도 예외는 아니었습니다. 그러나 예수님은 병들고 외로운 사람들에게 관심을 가지십니다. 그것이 하나님의 일이고 그분의 뜻을 이루는 것입니다. 하나님의 뜻을 이루는 사람들에게 영원히 목마르지 않을 생수를 주는 것이 그분의 일인 것입니다.

예수님이 말씀하신 영원한 양식이란 하나님의 일을 하는 것이고, 또한 그 일을 온전히 이루는 것입니다. 예수님이 이 세상에 오신 목적은 잘 먹고 잘살기 위함이 아닙니다. 잃어버린 자를 찾아 구원하시는 것입니다.

추수할 때가 되었다

예수님이 제자들에게 비전을 말씀해 주십니다.

너희는 '넉 달이 더 지나야 추수할 때가 된다'고 말하지 않느냐? 그러나 나는 너희에게 말한다. 눈을 들어 들판을 보라. 이미 곡식이 익어 추수할 때가 됐다. 추수하는 사람은 이미 삯을 받았고 이제 영생의 곡식을 거두어들이고 있다. 그리하여 씨를 뿌린 사람과 추수하는 사람이 함께 기뻐할 것이다(요 4:35-36).

예수님의 비전은 "눈을 들어 들판을 보라. 이미 곡식이 익어 추수할 때가 됐다"라는 말씀에 담겨 있습니다. 비전은 멀리 그리고 높게 보는 것입니다. 남이 보지 못하는 것을 보아야 합니다. "눈을 들어 보라. 죽어 가는 수많은 영혼이 보이느냐. 낫을 대기만 하면 곡식을 거둘 수 있는 때가 되었다"라는 뜻입니다. 세상의 잃어버린 영혼들에게 영원히 목마르지 않을 생수, 영원히 주리지 않을 양식을 먹이는 것이 바로 예수님의 비전입니다.

여기서 "넉 달"은 씨를 뿌리고 난 후 추수할 때까지의 기간을 말합니다. 농부가 씨를 뿌리고 넉 달이 지나면 추수할 시기가 되는데, 예수님은 지금이 추수할 시기라고 말씀하십니다. 추수할 시기를 놓치면 농사를 망치고 맙니다. 우리는 눈앞에 펼쳐진 넓은 들판에 잘 익은 곡식을 적기에 거둬들이는 지혜를 가져야 합니다.

세계적으로 굶주려 죽는 영혼, 하루에 1달러로 사는 사람이 10-12억 명가량 된다고 합니다. 중국이 12억 명, 인도가 10억 명, 이슬람 국가가 12억 명의 인구를 가지고 있습니다. 종교적으로 힌

두교도가 8억 명, 불교도가 3억 6,000명, 무종교인이 7억 6,000명, 중국 전통 종교인이 4억 명 등으로 추산되고 있습니다. 예수님을 모른 채 죽어 가는 영혼이 세상에 가득합니다.

우리는 직장에서도 주위를 둘러보아야 합니다. 동서남북을 살펴보면 추수할 곡식이 널려 있고, 낫을 대 주기만 기다리고 있음을 발견할 수 있습니다. 예수님은 지금이 바로 곡식이 희어져 추수할 때라고 말씀하십니다. 추수하는 사람은 이미 삯도 받았고, 영생에 이르는 곡식을 거두어들이고 있다고 주위를 환기시켜 주십니다.

예수님의 말씀에서 중요한 것을 배울 수 있습니다. 첫째, 추수의 긴급성을 말씀하십니다. 눈을 들어 들판을 보면 추수 시기가 되었음을 알 수 있으니 낫을 들고 가서 빨리 곡식을 거둬들이라는 것입니다. 추수 때를 놓치면 모든 것을 망치게 됩니다.

둘째, 추수하면 상급과 열매가 있다고 말씀하십니다. 거두는 자는 이미 삯을 받았고, 영생에 이르는 곡식을 거두기 시작했습니다.

셋째, 추수 때에 기쁨을 주신다고 말씀하십니다. 씨를 뿌린 자와 추수하는 자가 함께 기쁨을 얻는다는 것입니다. 즉 씨를 뿌린 자와 추수하는 자가 따로 있다는 것을 의미합니다.

우리는 씨 뿌리는 수고도 없이 추수하는 일에 참여해 상급과 열매를 얻게 되는 것입니다. 이미 많은 사람이 씨를 뿌렸으므로 지금은 열매를 거둬들일 때입니다. 이제 예수님은 우리에게 씨를 뿌린 자의 영광에 추수하는 자로서 참여하라고 말씀하십니다.

그러므로 '한 사람은 심고 한 사람은 거둔다'라는 말이 맞다. 나는 너희를 보내어 너희가 일하지도 않았는데 열매를 거두게 했다. 다른 사람들은 수고했고 너희는 그들이 수고한 결실을 거두게 된 것이다(요 4:37-38).

지금 이 순간 예수님의 비전을 선포할 수 있어 얼마나 기쁜지 모릅니다. "눈을 들어 들판을 보라. 이미 곡식이 익어 추수할 때가 됐다. 너희는 씨를 뿌린 노력을 하지 않았지만 나가서 곡식을 거두면, 추수하는 자가 되어 씨를 뿌린 자의 영광에 참여하는 것이다"라고 말씀하십니다. 할렐루야!

예수님의 비전을 듣는 순간, 가슴이 벅차오름을 느낍니다. 우리는 예수님과 똑같은 비전을 소유해야 합니다. 썩어질 양식을 위해 인생을 낭비하지 말고, 영원히 썩지 않을 양식을 위해 규모 있는 삶을 설계해야 합니다.

각자 자기 인생을 예수님께 드리십시오. 더 높은 사회적 지위, 더 안락한 육신의 생활에 인생을 팔지 마십시오. 젊었을 때 고생되더라도 썩지 않을 영원한 양식에 인생을 투자하십시오. 그것이 인생의 보람이요, 축복입니다.

25

말씀을
붙잡습니다

요한복음 4:43-54

자기 고향에서는 인정받지 못하는 법

이제 예수님은 사마리아에서 사역을 마치고 갈릴리로 가십니다. 사마리아에서 갈릴리로 가려면 나사렛 지경을 통과해야 하는데 재미있는 것은 예수님이 성장하신 나사렛에는 들르지 않고 곧바로 갈릴리로 가신다는 사실입니다.

이틀 후에 예수께서 그곳을 떠나 갈릴리로 가셨습니다. (전에 예수께서는 예언자가 자기 고향에서 존경받지 못함을 직접 증거하신 적이 있었습니다.) 예수께서 갈릴리에 도착하시자 갈릴리 사람들은 예수를 환영했습니다. 그들은 유월절에 예루살렘에 갔다가 예수께서 거기서 행하신 일들을 모두 목격했던 것입니다(요 4:43-45).

예수님이 고향 나사렛을 지나쳐 곧장 갈릴리로 가신 이유가 무얼까요? 예언자가 자기 고향에서 존경받지 못한다고 하신 말씀에서 유추할 수 있습니다. 이와 비슷한 얘기가 다음 말씀에도 나옵니다.

내가 진실로 너희에게 말한다. 어떤 예언자도 자기 고향에서는 인정받지 못하는 법이다(눅 4:24).

성경은 하나님의 사람들이 고향에서 가족이나 친척들에게 냉대를 받았다는 사실을 여러 곳에 기록하고 있습니다. 우리 사회에서도 한 어머니 뱃속에서 나온 형제끼리 재산을 놓고 법정 싸움을 벌이거나 경쟁하면서 서로 모함하고 고소하고 고발하는 모습을 종종 보게 됩니다.

마찬가지로 성경에도 그런 일이 많이 기록되어 있습니다. 요셉은 형들에게 미움을 받아 깊은 웅덩이에 버려졌다가 이집트 대상에게 팔려갔습니다. 선견자 사무엘이 하나님이 허락하신 이스라엘의 왕을 찾아 기름 부으려 할 때 다윗은 아버지와 형들에 의해 철저하게 배제되고 무시당했습니다. 예언자 예레미야는 고향 아나돗에서 존경받지 못하고 사람들에게 쫓기고 핍박당하다가 마침내 죽음을 맞이했습니다. 신약에서 사도 바울도 동족에 의해 상상을 초월하는 고난을 수없이 겪었습니다.

예수님도 다른 곳에서는 환영을 받으셨지만, 고향에서 가족이나 친척들에게 환영받지 못하셨습니다. 예수님이 환영받지 못하신 곳에서는 기적도 행치 않으신 것을 우리는 잘 알고 있습니다.

예수님은 사람들의 칭찬이나 환영을 기대하지 않으셨지만, 섭섭한 마음이 있으셨을지 모릅니다. 사복음서를 살펴볼 때 예수님은 사람을 의지하지 않으셨음을 분명히 알 수 있습니다. 사람들의 속에 무엇이 들어 있는지 아시는 예수님은 그들에게 어떤 기대도 하지 않으셨습니다. 동시에 자신을 향한 비난이나 조소, 질투, 시기 등에도 흔들리지 않고 당당하게 자신의 길을 가셨습니다.

그런데 갈릴리 사람들은 예수님을 환영하고 존경했습니다. 그 이유는 그들에게 예수님에 대한 선입견이 없었기 때문일 것입니다. 갈릴리 사람들은 예수님의 성장기에 해당하는 30년의 생활을 보지 못한 채로 공생애의 능력을 보았기 때문에 쉽게 받아들일 수 있었던 것 같습니다.

한 사람에게 선입견을 갖는 것은 좋은 면도 있지만 판단력을 흐리게 하는 좋지 않은 면도 있습니다. 그 사람의 과거만 생각하고 미리 판단해 버리므로 그로 하여금 자라지 못하게 하는 잘못을 범하고 맙니다.

네 믿음대로 되리라

사람은 현재와 미래를 보지 못하고 항상 과거를 돌아보는 데 문제가 있습니다. 자신에 대해 스스로 "나는 그거 못해"라고 단정해 버립니다. 어떤 일을 요청하면, 과거에 발목이 잡혀 무엇이든 못한다고 말합니다. 하지만 사람의 미래는 항상 열려 있으며, 새로운 것으로 가득합니다. 우리가 한 사람의 미래에 대해 큰 기대감을 갖고 지속적으로 좋은 만남을 이어 간다면, 이는 굉장히 신선한 일입니다.

비록 그 사람이 사마리아의 수가 마을에 사는 여인처럼 살았다고 해도, 예수님을 만난 후 어떻게 변모할지 아무도 모릅니다. 우리가 서로의 미래를 위해 만날 때마다 축복해 준다면, 그 만남은 훨씬 새로워지고 감동이 있을 것입니다. 사람에 대한 선입견을 버려야 합니다. 그 사람의 과거 경험이나 상처, 실패 등을 무시하고 만나야 합니다.

서로 믿어 주고 격려해 주면 인생의 꽃을 피우게 될 것입니다. 또한 갈릴리 사람들이 예수님을 환영하고 존경한 이유는 이미 예루살렘에서 예수님의 기사와 표적을 목격해 잘 알고 있었기 때문입니다. 갈릴리 사람들은 명절을 맞아 예루살렘에 올라갔다가 그곳에서 예수님이 말씀하고 기적을 베푸시는 것을 직접 보았습니다. 그들은 말이나 글로 예수님을 이해한 것이 아니라 체험으로 알았습니다. 말이나 글로 아는 것보다 체험적으로 아는 것이 더 확실하고 능력이 있습니다.

예수께서는 전에 물로 포도주를 만드셨던 곳인 갈릴리 가나에 다시 들르셨습니다. 그곳에는 왕의 신하 한 사람이 있었는데 그의 아들이 병에 걸려 가버나움에 있었습니다. 예수께서 유대에서 갈릴리로 오셨다는 소문을 들은 왕의 신하는 예수께로 가서, 오셔서 자기 아들을 고쳐 달라고 애원했습니다. 그의 아들은 거의 죽어 가고 있었습니다(요 4:46-47).

현대 의학으로도 어쩔 수 없는 질병으로 평생 고생하다가 죽어 가는 사람들이 있습니다. 평소 병치레가 많아서인지 병든 사람들을 보면 동지 의식을 갖게 됩니다. 병든 사람을 잘 이해하라고 하나님이 내게 여러 가지 병을 허락해 주셨는지도 모르겠습니다.

부모는 자신이 아픈 것보다 사랑하는 자식이 아픈 것을 더 힘들어합니다. 죽어 가는 자식을 보는 부모는 "차라리 내가 대신 죽고 싶다"고 절규할 정도입니다.

내가 아는 어떤 분은 근육마비증으로 서서히 죽어 가는 아들이 있습니다. 어느 날 그분이 이런 이야기를 했습니다.

"목사님, 저는 아들이 스무 살 이상 살지 못한다는 사실을 알았을 때, 둘이 같이 죽어 버리려고 했습니다. 하지만 차마 자살할 수는 없고, 죽어 가는 아들을 보고 있자니 마음이 아파 더 이상 볼 수가 없어 차라리 교통사고나 났으면 하는 생각을 하곤 했습니다."

예수님을 잘 믿지 않았지만, 현대 의학으로도 어쩔 수 없어 3년 동안 병을 잘 고친다는 사람들을 찾아다니면서 모든 방법을 써 봤다고 합니다. 가짜인 줄 알면서도 산 기도에 가서 안수까지 받았다고 합니다. 그것이 병든 자식을 둔 부모의 심정입니다.

가버나움에서 사는 왕의 신하가 갈릴리 가나까지 달려와서 예수님께 아들의 병을 고쳐 달라고 간청합니다. 아마 그도 여느 부모와 같은 심정이었을 것입니다.

그런데 예수님이 그에게 말씀하십니다. "너희는 표적이나 기사를 보지 않고서는 전혀 믿으려 하지 않는다"(요 4:48). 예수님은 아들의 병을 고쳐 주시기 전에 먼저 왕의 신하인 아버지에게 믿음에 대해 가르쳐 주십니다.

대개 사람들은 말씀보다 표적, 기사, 기적을 더 중요하게 여깁니다. 예수님이 기적을 보이고 표적을 나타내시면 사람들은 놀라움을 표시하면서 주님의 말씀에 귀를 기울입니다.

신하는 예수님의 말씀을 미처 깨닫지 못한 채 "선생님, 제 아이가 죽기 전에 내려와 주십시오"(요 4:49) 하고 간청합니다.

나사로가 죽었을 때 마르다와 마리아 자매가 예수님께 한 얘기도 이와 비슷합니다. "주여, 주께서 여기 계셨더라면 오빠가 죽지 않았을 것입니다"(요 11:21).

신하는 예수님이 직접 가버나움으로 와서 아들의 병을 고쳐 달라고 말합니다. 병들어 죽어 가는 자식을 둔 아버지의 심정이란 이런 것입니다.

한편으로 보면 매우 건방져 보이고 막무가내인 아버지의 요청이 굉장히 아름답게 느껴지기도 합니다. 자신의 집으로 와 달라는 신하의 요청을 받고 예수님은 어떻게 하셨을까요?

예수께서 그에게 대답하셨습니다. "가 보아라. 네 아들이 살 것이다." 그는 예수의 말씀을 믿고 갔습니다(요 4:50).

이는 굉장히 중요한 말씀입니다. 예수님의 말씀을 듣는 순간 신하의 마음에 혁명이 일어났습니다. 신하는 예수님이 자신의 집까지 오실 필요가 없다는 사실을 순간적으로 깨달은 것입니다. 그의 마음에 믿음이 생겨 예수님이 오시지 않아도 그 말씀이 곧 능력임을 깨달았습니다. 아마 그는 마음속으로 '아멘!' 하면서 평안을 찾았을 것입니다. 그리고 신하는 더 이상 간청하지 않고 그대로 돌아서 집으로 갑니다.

신하가 집으로 가는 도중에 마중 나온 하인들을 만나 아들이 살아났다는 소식을 들었습니다. 그가 하인들에게 아이가 언제부터 좋아졌느냐고 묻자 "어제 오후 1시에 열이 떨어졌습니다" 하고 종들이 대답했습니다(요 4:51-52).

그가 계산해 보니 예수님이 말씀하시던 그 시각에 아들이 낫기 시작한 것이 분명합니다. 그래서 신하의 온 가족이 예수님을 믿게 되었습니다.

믿음이 믿음을 낳는다

예수님이 신하의 아들을 낫게 하신 것이 두 번째 표적입니다. 여기서 우리가 배워야 할 교훈이 있습니다.

첫째, 말씀과 믿음의 관계입니다. 눈으로 보고 귀로 들으며 손으로 만지는 것보다 더 중요한 것은 예수님의 말씀을 그대로 믿고 확신하는 믿음입니다. 도마는 예수님의 부활을 믿지 못하고 동료들의 증언도 믿지 못했습니다. "내 손가락을 그 못 자국에 넣어 보며 내 손을 그분의 옆구리에 넣어 보지 않는 한 나는 믿을 수 없소"(요 20:25)라고 했습니다. 부활하신 예수님이 의심하는 도마를 찾아오셔서 못 자국 난 두 손과 창에 찔린 옆구리를 보여 주셨습니다. 그러자 도마는 즉시 무릎을 꿇었습니다. 그 모습에 예수님은 "너는 나를 보았기 때문에 믿느냐? 보지 않고도 믿는 사람은 복이 있다"(요 20:29)라고 말씀하십니다.

믿음이란 보지 않고 듣지 않고도 믿는 것입니다. 우리는 병이 낫기를 기도하지만 어떤 경우에는 죽을 수도 있습니다. 그때 죽음을 받아들이는 것도 믿음입니다. 병이 낫는 것만 반드시 믿음은 아니라는 뜻입니다. 세상을 살면서 의지대로 인생이 흘러가지 않아도 그것을 순순히 받아들이는 것도 믿음입니다.

예수님이 백부장의 하인을 낫게 하신 이야기를 보십시오.

백부장이 말했습니다. "주여, 제 종이 중풍병으로 집에 누워 몹시 괴로워하고 있습니다." 예수께서 그에게 말씀하셨습니다. "내가 가서 고쳐 주겠다." 그러자 백부장이 대답했습니다. "주여, 저는 주를 제 집안에 모실 자격이 없습니다. 그저 말씀만 하십시오. 그러면 제 종이 나을 것입니다. 저도 위로는 상관이 있고 밑으로는 부하들이 있는 사람입니다. 제가 부하에게 '가라' 하면 가고 '오라' 하면 오며 하인에게 '이것을 하라' 하면 그것을 합니다"(마 8:6-9).

　백부장은 예수님에 대한 절대적인 신뢰감을 보였습니다. 그때 예수님은 "내가 진실로 너희에게 말한다. 이스라엘에서도 아직까지 이렇게 큰 믿음을 본 적이 없다"(마 8:10)고 말씀하시면서 칭찬하십니다. 이처럼 위대한 믿음은 보지 않고도 믿는 것입니다.

　그런가 하면, 작은 믿음도 있습니다. 베드로가 예수님의 말씀을 믿고 물 위를 걷고 있었습니다. 그런데 그가 두려워하는 순간 곧 물에 빠지고 말았습니다. 그때 예수님은 손을 내밀어 그를 붙잡으며 "믿음이 적은 사람아, 왜 의심했느냐?"(마 14:31)라고 말씀하십니다. 예수님을 믿을 때는 물 위를 걸어도 빠지지 않습니다. 믿음의 실체는 기적도 표적도 아닌 주님의 말씀에 있습니다.

　둘째, 믿음과 기적의 관계입니다. 우리가 믿음을 가질 때 하나님은 능력을 행하십니다. 예수님은 길을 지나가다가 불쌍한 사람이라고 무조건 병을 고쳐 주신 적이 한 번도 없습니다. 우리는 항상 "그들의 믿음을 보시고"(마 9:2; 눅 5:20)라는 구절에 주목해야 합니다. 믿음에 대해 전혀 준비되어 있지 않은 병자에게는 병을 고쳐 주시기 전에 먼저 믿음을 만들어 주셨습니다.

　한 남자가 말 못하게 하는 더러운 귀신이 들린 아들을 예수님께 데리고 와서 "어떻게든 하실 수 있다면 제발 우리를 불쌍히 여기시고 도와주십시오"라고 간청했습니다. 그러자 예수님은 "'하실 수 있다면'이 무슨 말이냐? 믿는 사람에게는 모든 일이 가능하다"고 말씀하십니다. 그러자 그가 큰 소리로 "내가 믿습니다! 믿음이 부족한 나를 도와주십시오!"라고 외쳤습니다. 남자의 믿음이 "어떻게든 하실 수 있다면"에서 "내가 믿습니다!"로 금세 바뀌었습니다. 예수님은 무리가 모여드는 것을 보시고, 듣지 못하게 하고 말 못하게 하는 귀신을 꾸짖더니 아이한테서 쫓아내셨습니다(막 9:14-27).

예수님은 "하나님을 믿어라. 내가 너희에게 진실로 말한다. 누구든지 저 산에게 '들려서 바다에 빠져라!' 하고 마음에 의심하지 않고 말한 대로 될 줄 믿으면 그대로 이루어질 것이다. 그러므로 내가 너희에게 말한다. 무엇이든지 너희가 기도하고 간구하는 것은 이미 받은 줄로 믿으라. 그러면 너희에게 그대로 이루어질 것이다"라고 말씀하십니다(막 11:22-24).

믿음에 관한 유명한 예화가 있습니다. 고아원에서 자라는 한 아이가 있었는데, 학교에 가려면 큰 산을 넘어야 했습니다. 아이는 '산만 없으면 학교에 가는 게 쉬운데…'라고 생각했습니다. 목사님이 오셔서 마가복음 11장 22-24절 말씀을 본문으로 설교했습니다. 그러자 아이는 그대로 믿고 "하나님, 저 산을 없애 주세요"라고 기도했습니다. 그러나 다음 날 아침에 일어나 보니 산이 그대로 있었습니다. 또 기도해도 산은 그 자리에 있었습니다. 그러던 어느 날 트랙터들이 나타나 산을 깎기 시작합니다. 하나님이 도시계획이라는 이름으로 산을 진짜로 밀어 버리신 것입니다. 아이의 기도에 응답해 주셨습니다.

우리는 믿지 못하고 의심하는 때가 많습니다. 헛기도로 시간만 낭비하는 꼴입니다. 어떤 사람은 믿는다고 하면서도 확신을 갖지 못하고, 어떤 사람은 믿었는데 눈뜨고 나면 다시 의심합니다.

"네가 믿은 대로 될 것이다"(마 8:13)라고 하신 예수님의 말씀에 귀를 기울이십시오. 보지 않고 듣지 않아도, 원하는 대로 결과가 나오지 않아도 하나님 말씀을 믿고 나아가십시오. 그것이 믿음의 길입니다.